上海市科委科技攻关重大项目"上海数字化教育装备工程技术研究中心能力提升项目"
编号：17DZ2281800

教育装备基础与实践

薛耀锋 著

上海交通大学出版社
SHANGHAI JIAO TONG UNIVERSITY PRESS

内容提要

本书分六章,前三章介绍了教育装备的基础内容,解释了教育装备的起源与发展、相关概念及研究领域,阐述了不同教学场景中相应教育装备的发展情况,叙述了教育装备标准的特征、发展历程及研究方法;后三章注重教育装备的应用实践,阐明了人工智能教育装备、创客教育装备等新型教育装备的应用情况,分析了教育装备的采购流程、现状问题、使用与维护等内容,说明了教育装备的研发方向、研发方法、研发工具等,并提供具体案例。

本书适合教育技术、教育学和计算机应用专业学生阅读。

图书在版编目(CIP)数据

教育装备基础与实践/薛耀锋著. —上海:上海
交通大学出版社,2023.3
 ISBN 978 - 7 - 313 - 27996 - 5

Ⅰ.①教…　Ⅱ.①薛…　Ⅲ.①教学设备—研究—中国
Ⅳ.①G484

中国版本图书馆 CIP 数据核字(2022)第 223530 号

教育装备基础与实践
JIAOYU ZHUANGBEI JICHU YU SHIJIAN

著　　者:薛耀锋

出版发行:上海交通大学出版社　　　　　　　地　　址:上海市番禺路 951 号
邮政编码:200030　　　　　　　　　　　　　电　　话:021 - 64071208
印　　制:上海新艺印刷有限公司　　　　　　经　　销:全国新华书店
开　　本:710mm×1000mm　1/16　　　　　印　　张:11.5
字　　数:182 千字
版　　次:2023 年 3 月第 1 版　　　　　　　印　　次:2023 年 3 月第 1 次印刷
书　　号:ISBN 978 - 7 - 313 - 27996 - 5
定　　价:78.00 元

Preface　　前　言

本书是为丰富教育学类本科生及研究生教育领域认识,提高教育学科学生教育教学实践与研究能力,响应国家对高质量教师队伍指导要求,满足学校及教育部门对教育装备领域人才需求而写。

2018 年 4 月,教育部印发的《教育信息化 2.0 行动计划》提出,推动学校在数字校园的基础上向智能校园演进,推动大数据、虚拟现实、人工智能等新技术在教育教学中的深入应用,构建技术赋能的教学环境,探索基于人工智能的教学新模式。2019 年 2 月,中共中央、国务院印发的《中国教育现代化2035》再次强调了加快信息化时代教育变革的具体措施,明确提出建设智能化校园,统筹建设一体化智能教学管理与服务平台,利用现代技术加快推动人才培养,实现规模化教育与个性化培养的有机结合。教育的形式和内容与相应的教育装备是分不开的,随着时代的不断发展和相关技术的更新迭代,教育装备已经成为教育改革发展的翅膀,因此理解教育装备发展规律、认清教育装备发展现状和未来趋势对于整个教育教学的发展至关重要。

2021 年 3 月,《中华人民共和国国民经济和社会发展第十四个五年规划和 2035 年远景目标纲要》(简称"十四五"规划)提出,我国教育事业未来五年在向着现代化发展的同时要朝着建设高质量教育体系发展。其在教育目标中提出了对人才素质培养的更高要求,包括社会责任感、实践能力以及文明素养,强调了建设高素质专业化教师队伍的重要性。2022 年 10 月 16 日,中国共产党第二十次全国代表大会提出,要实施科教兴国战略,强化现代化建设人才支撑。坚持以人民为中心发展教育,加快建设高质量教育体系;深化教育领域综合改革,培养高素质教师队伍;推进教育数字化,建设全民终身学习的学习型社会、学习型大国。

高等教育已经成为培养教师的主要方式,教师高学历往往意味着具有更强的学习能力以及对不断变化的教育装备的应用、管理和反思能力。本书以大量案例和由浅入深的实践活动,引领即将从事教育相关职业的本科生和研究生学习教育装备的相关内容,掌握教育装备的概念、基础分类特点、研究方法以及实际应用规则等实用内容,形成超前的教育装备认识,培养与时代相符的教育装备学习能力、应用和管理能力、批判与创新能力。

本书分为6章,依次介绍教育装备的概念、分类、标准、应用、管理和研发。第1章讲述了教育装备的起源、教育装备和教育的关系以及教育装备的发展历程,介绍了教育装备的概念、性质、相关研究领域;第2章根据教育装备的基本分类,系统地介绍不同场景教育装备的形态、发展历史及发展需求。"书同文,车同轨",任何事物的普及都需要有一定的标准作为约束和规范,教育装备作为教育过程中不可或缺的部分,其标准和规范既要科学、与时俱进,又要能够帮助教育教学的开展。第3章专门介绍教育装备标准,从基础概念到研究方法,从我国当下教育装备相关标准到国外教育装备标准,展示了教育装备标准的功能、我国教育装备标准现状和现代化的发展趋势。

第4章至第6章,注入了更多实践性的内容,分别从应用、管理和研发的角度,介绍理论方法,引导深入思考和开展相关活动,让学生在体验中提高学习能力、实践能力和研究能力。第4章介绍近年来新兴技术支持下的教育装备,比如人工智能教育装备、虚拟现实教育装备等,并在实践活动中尝试应用新兴教育装备设计教学,同时介绍智慧课堂、智慧校园范畴中的相关装备发展现状和案例。第5章介绍教育装备管理基本理论,同时带领读者了解校园中教育装备管理和采购的基本环节与知识,认识教育装备管理的现状和未来发展趋势。第6章介绍教育装备研发的基本原理和意义,思考教学中的问题并尝试设计和创造服务教育实践的教育装备。

本书的特点有三。第一,案例丰富,且充分和现实接轨。每一章都会在对应的范畴下给出具体的案例,一方面帮助读者加深对教育装备的认识和思考;另一方面起到示范作用,方便读者通过具体应用体会对应知识要点,如教育装备技术标准分析、教育装备现代化管理、教育装备自主研发等。第二,设计了丰富的实践类学习活动,为读者应用知识提供参考。本书以理论与实际相结合的方式,根据相关内容安排了活动部分,例如调研活动、应用活动、模拟采购和管理活动,以及基于设计思维方法论尝试研发一款服务教育教学的教育装备的研发活动。第三,鼓励思考和创新。随着信息技术的发展和教育形式的丰富,涌现了大量的新兴教育装备,如何保持对教育装备发展的常用常新是每个教育工作者需要思考的问题。本书从历史、现状,以及未来趋势等方面,增进读者对教育准备的认识,通过观察实际校园中的现象,思考教育装备现实状况,结合实践活动让读者亲身体验教育装备研究与管理方法,在现实中发现问题,以批判的视角设计方案,鼓励做出创新并付诸实践。

本书写作的初衷是帮助教育方向的学习者从科学的角度认识教育装备,培养其学习、应用、管理、反思和研发教育装备的意识和能力,提高行业从业素质,助力教育向着信息化、现代化的方向发展。

最后,感谢上海市科委科技攻关重大项目"上海数字化教育装备工程技术研究中心能力提升项目"(编号:17DZ2281800)对本书的资助。还要特别感谢华东师范大学终身教授祝智庭、华东师范大学教育信息技术学系暨上海数字化教育装备工程技术研究中心主任顾小清对本书所提的宝贵建议;同时,感谢华东师范大学研究生朱芳清、邱奕盛、宋玉洁、郭威、杨金朋、李卓玮、卢鹏翔,本科生叶绥川、拜英财、阿迪莱·赛买提、张谨茹在相关资料收集与整理中所做的努力;感谢上海交通大学出版社为本书出版所做的大量审核与修订工作。

由于能力和时间有限,疏漏在所难免,不足之处恳请广大读者不吝指正。

薛耀锋

2022 年 11 月

Contents 目 录

第**1**章 教育装备

"教育装备"可以拆分为"教育"和"装备"两个词,教育装备学则是教育学和装备学的交叉学科。整体大于部分之和,教育装备的概念并不是"教育"和"装备"两个词的简单拆分和拼接。本章将从教育装备的发展历程、概念、类似概念辨析以及教育装备学的价值出发,让大家对教育装备的主要内容和主要发展方向有一个系统而具体的认识。

1.1 教育装备的起源与发展

1.1.1 教育装备的发展认识

在今天的中国,一个学生的一天有可能是这样度过的。早上来到学校门口用校园卡或者刷脸的方式进入校门,检测机报告"某某同学早上好,您的体温是 36℃",然后打开闸机,让学生进入学校,老师和家长的手机上则会接收到学生平安入校的通知。上课了,语文老师要讲解一首描写自然的古诗词,于是打开电子白板播放和展示了一些和古诗词内容很贴近的视频和图片以及别人的旅行体验,带领学生体会古诗词中描写的意境之美;数学课上老师讲解完了今天的知识点,为了检测大家的学习效果布置了一些课堂练习。学生使用平板电脑(或电子书包)完成作答,老师在自己的系统界面接收到了消息。在接下来的讲解环节中,老师跳过了大部分人解答正确的题目,在有一定难度的题目上公开分享了几位同学的解答过程,并邀请这些学生到电子白板上演示他们的做题步骤;化学课也很特殊,同学们需要学习浓度的概念。

作为一个知识单元的第一节课,老师并没有带领大家直接去实验室开展实验,而是请大家打开平板电脑上的虚拟化学实验室,在这里带大家精准地配置了实验需要的硫酸浓度;体育课上大家做了一次测试,相关数据被记录了下来。到了晚上,自适应平台为每一位学生提供适应其学习水平的练习,不多不少正好能够满足薄弱点的练习需要。接着学生们在学校的平台中开展老师布置的交流讨论,预习第二天的部分内容,同时老师打开手机了解学生们的学习情况,开始准备第二天的教学任务。就这样,到了周末,学生参与了学校或片区的兴趣培养课程,用编程的方式控制无人机实现各种难度的飞行路径;或者集思广益,和自己的伙伴一起为他们的智能机器人又升级了一个功能。一个学期之后,老师通过学生的表现记录数据,研究了新的教学模式;教务主任通过数据的采集和分析,增设了一个活动兴趣小组……教育的决策者们对各种方案的决定也有了更可靠的依据。

以上场景中的人脸识别机器、电子白板、虚拟实验室、自适应平台、智能机器人等都属于教育装备。然而,教育装备并不单单指的是这些"高科技"的产物,教育装备是随着人类社会发展了数千年的产物。

教育装备是随着教育的出现而出现的,人类需要教育装备来辅助整个教育过程。而教育自人类出现便已发生,是扎根于本能的不可避免的行为。从原始时期开始,人类为了传承一些工具和工具的使用、制造方法,就有了教的过程,也就有了为了教而产生的教学工具和训诫工具,这便是教育装备的雏形。随着文字的发明,人类有了更加便捷的文字记录工具,也随之发明了更加便捷的技术和工具学习的模型,比如算珠等,满足了手工业对人才培养的效率和质量要求(见图1-1)。近现代教育开始于工业化时期,教育装备在班级授课制、导师制等的影响下得到了进一步发展,很多形式一直沿用至今。

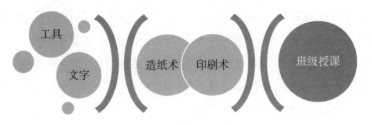

图1-1　教育装备的发展历程

事实上,在工业化及之后的时期,人们越来越认识到装备给教育带来的服务效应。为了追求教育的效率和质量,人们开始不断探索各种服务于大规模教育环境的装备。在班级授课制的影响下,学校的各种环境以及课堂教学设施更加完善,可以供更多人学习的大型阶梯教室、活动黑板等教育装备应运而生。为了培养更多从事生产劳动的人,用于实践教学的模型、工具等也以学生更加容易接受和上手的形式走进课堂,产生了职业教育装备行业的雏形。在科学领域,人们开始尝试把抽象的知识用模型展示出来,把困难的操作用实验的方式让学生练手,于是又出现了很多实验室,随之衍生出的实验教育装备也得以迅速发展。

进步的教育装备扩大了受教育者的数量,提高了教学和学习的效率,产生了更多服务于社会和传承创造文化的人,进而大大推动了社会的进步和生产力的提升。由此可见,教育功能中不可忽视的一点是促进政治、经济的进步和发展,而教育装备在其中也起到了至关重要的作用。时代发展到今天,人们更是不断通过改进教育装备,以提高教育的效率和质量,培养更多被赋予更全面能力的人才,服务于社会文明的发展。这也是研究教育装备的意义所在。

时代飞速发展,在当下学校生活中各种各样的教育装备充满了我们的学习和生活环境,为学习者提供无处不在的学习资源以及个性化的学习环境,有效提高了学习效率,同时促进了教育教学事业和教育管理事业的发展。当下的教育装备从以解决器物不足为目的向支撑教学创新的教学设计转变,从破解单一知识教学难点向跨学科融合转变,从辅助学生学习向激发学生学习的内生动力转变,从知识教学工具转变为个性化成长的有效载体,对教学发挥着越来越重要的作用。

教育装备的发展会随着教育的发展和装备技术的发展不断进步。教育装备被认为是名词和动词的结合体,既表示教育活动中用到的一些物质资料,也表示为了更好地开展教育活动对教学环境和内容等方面进行改造的动态过程。因此教育装备的发展就有了物质的发展和技术的发展两个方面,当我们提及教育装备时大多指的是物质,而技术的发展影响了物质成果,也就是说,我们看到的教育装备是这两个方面的共同体现。教育装备正处在现代化发展阶段,承载着新的发展内涵,是教育信息化变革的内生力量。

1.1.2 教育装备现代化发展历程

新中国成立之后,特别是改革开放之后,伴随着我国社会经济和教育事业的发展,教育装备也迎来了现代化发展,经历了由小到大,由特殊到一般,由初级到高级,由个别学科的应用到教育全面普及应用,由个别发明、手工制作到工业化生产的发展过程。从简单基础发展到复杂多元,教育装备整个发展过程可以分为 4 个阶段,分别为简单装备阶段、电气化阶段、信息化阶段以及智能化阶段(见图 1-2)。其中,后三个阶段可被称作现代化发展阶段。

图 1-2 教育装备发展阶段

简单教育装备阶段的特征为原始、容易操作,代表物正是如今仍在沿用的黑板和粉笔。在 20 世纪 90 年代前后,随着改革开放和市场经济的发展,我国教育事业迎来了质的飞跃,教育装备也开始了现代化发展。电气化时代的装备的出现,比如"两机一幕"(录音机、电视机、投影幕)、音像器材,极大地丰富了教学形式,给教育教学创新注入了不可替代的动力,也实质性地扩展了教育装备的内涵和作用。到了 2010 年前后,随着"三通两平台"(宽带网络校校通,优质资源班班通,网络学习空间人人通;建设教育资源公共服务平台和教育管理公共服务平台)的建设以及互联网技术的提升,慕课(MOOCs)、微课程以及以平台为依托的翻转课堂等新型教学方式走进了学生的生活。信息化装备在教育装备中的比例不断加大,并注重以技术延伸和拓展教学内容、创新教学方式、变革教学评价、改变教育供给方式。2017 年以来,随着互联网、大数据、人工智能等新一代信息技术的发展,智能教育终端不断普及,出现了教育机器人、自适应学习系统等设备,这些有助于开展个性化和精准的教学活动,帮助教育决策者更好地制订改革方案,推动教育事业发展。"通过技术与教育教学的融合创新促进教育的变革"成为教育装备发展的时代内涵。

1.2 教育装备概述

1.2.1 教育装备的概念

"教育"狭义上指专门组织的学校教育;广义上指影响人的身心发展的社会实践活动。从教育的功能方面可以把教育定义为有目的地对人类的知识进行传递的过程。

"装备"作为名词,指的是为达成某种目的而配备的器材、技术力量等。它特指人工制造的事物,是一种人工资源,由人的生产劳动所创造,区别于自然资源,比如石头、木材,也区别于以人本身为价值的人力资源。

"教育装备"则是人类为了达成教育目的而创造生产的、在教育实施的过程中对知识的传递提供保障的配备物或者行为。它是学校和教育机构中的各种设施和工具的大集合,属于"教育资源"的子集,是人工制造的教育资源。

1.2.2 教育装备的性质

内涵指的是一个事物概念下包含的所有属性,因此对教育装备性质的分析也正是对教育装备内涵的分析。

1) 教育装备具有人工性

教育装备是人工制造的,在教育活动中也是由人来使用、服务于人并受到人的管理的。教育装备的生产、使用、管理都具有人工性,是可能变化的人的活动。因此教育装备的生产、应用过程和服务应当满足一定的标准,以保证产品的质量以及对应的作用。同时,由于其是人工制造的物品,其具有归属性,通常归属于教育相关部门。

2) 教育装备具有教育适用性

教育装备是用于教育行业的装备,同时服务于学生和全体教职工,其中大部分的教育装备直接面向教育教学活动,保障和促进教育教学活动的开展。事实上很多教育装备与市场其他行业中的装备有交叉,因为很多教育装备在开始阶段并不是为了实现教育目的而设计的。教育装备主要是在教育以外的一些应用领域和环境之中产生，然后被人们逐渐应用到各个领域，包括教育领域，渐渐地作为辅助教育活动的工具。比如照明设备、桌椅、测量工具等，但在教育行业中这些装备必须具有教育适用性，即照明设备必须满足班级照明舒适度需求，课桌椅须符合安全规范和学生身体发育规律等。而在不同阶段的教育装备又有着不同的教育适用性，特别是体育、实验类仪器等教育装备在高等教育阶段和普通市场装备几乎别无二差，但在基础教育阶段，体育装备要符合学生身高及阶段能力限制，实验教育装备要保证安全性和易于观测性，以帮助低年龄阶段学生掌握该阶段应学习的知识技能。

3）教育装备兼具发展性和淘汰性

发展性指的是教育装备可以变换用法或者其功能随人的使用需求而迁移的特点，而淘汰性则是某装备由于不再适应人的需求而被迫离开原有职能。教育装备从整体类目来看兼具发展性和淘汰性，例如交互式电子白板从最初的压感式、电磁式、红外式再到光学式，随着技术的不断进步，这类教育装备也不断发展，为教学提供更便捷更有效的服务。同时也是由于技术的发展，部分类别的教育装备被新的装备取代，比如收音机、电视机等曾经的教育媒体资源主要来源装备已经被教学一体机、电子书包等先进的交互式、入网式的装备所替代。从个体层面来看，每个教育装备的淘汰都是产品生命周期中的必然，超过使用时间就可以退役、淘汰，但每个教育装备并不都具有发展性，比如已经印刷的纸质材料或者类似于粉笔、墨水一类的消耗性材料就无法继续发展，计算机、部分实验仪器如果被改装后继续服务教育则具有发展性。

1.2.3 教育装备的分类

教育装备存在不同的分类方法，包括但不限于根据学段、功能、学科分类。

1）根据学段分类

教育装备是服务于教育的装备，伴随着教育的整个阶段，因此可根据教育阶段将其分为学前教育装备（幼儿教育装备）、小学教育装备、初中教育装备、高中教育装备、职业教育装备以及高等教育装备。近年来随着对学生核心素养能力提升的重视，教育的形式和途径呈现多样性，各阶段的教育加入了跨学科、综合性、项目式教学、探究式学习等元素，以学习为中心的教育对各学段教育装备提出了更多要求，扩大了教育装备学段分类的丰富性。

2）根据学科分类

不同的学科有着不同的教育装备，大致可以分为语言学科教育装备、理科教育装备、实验教育装备、音美教育装备、劳技教育装备、体育教育装备、信息技术教育装备。其中理科教育装备泛指用于数学的教育装备，以及其他学科中用到的模型、模具，比如生物人体模型、地理模型等。实验教育装备则特指用于物理、化学、生物等自然科学学科实验活动的仪器装备。随着时代的发展，教育的学科门类更加丰富，在部分学校的特色教学中出现了创客教育、机器人教育等课程。与之呼应的是新增了大量创客教育装备、机器人教育装备以及其他现代化智能教育装备，如 AR、VR 学习等。

3）根据功能分类

本书根据教育装备应用的场景将教育装备按照功能划分为教学类、学习环境类以及校园建设类。教学类教育装备既包括以上按照学科划分的所有类别的教育装备，也包括用于教学过程的课本、电子书包、电子白板等具有知识性的人造教学资源物品。学习环境类教育装备包括黑板、课桌椅、教室照明系统、教室排风系统、实验室、活动室、体育场地、图书馆以及各种和学习相关的场地或装备。校园建设类教育装备原先是教学楼、食堂等硬件类学校基础设施，随着教育信息化、智慧化建设的启动，新增了很多如用于记录师生考勤的识别系统、校园安全系统，以及应用于教育装备本身的装备管理系统等。

1.2.4　教育装备相关名词辨析

1）教育装备与一般装备

除了一些专门为教育目的而设计的装备，如黑板、粉笔之外，大多数教育装备原来并不是为教育而设计的。它们是在其他领域产生与应用后才被逐步应用在教育领域的，如照明设备、计算机等。这使得教育装备与一般装备的界限较为模糊。然而，根据上文得知，教育装备有其独特的性质，可以根据性质来区分。因此，教育装备与一般装备的区别在于，教育装备必须被应用在教育领域、满足教育相关标准，并具有教育适用性的特征。

2）教育装备和教育工具

工具的本质在于它的存在价值，工具与装备一样都是人类赖以生存的物质资源。装备和工具的差异之处在于：装备的特征是具有人工制造性，工具的特征则体现在人体器官功能的延伸性上。教育装备和教育工具的异同也是如此,两者在概念方面的对比如表 1-1 所示。

表 1-1 教育装备和教育工具异同点比较

类目	教育装备	教育工具
起源	同教育起源	同教育起源
对象	人和知识	人
本质	教育赖以生存的资源	教育赖以生存的资源
属性	人工资源	人工资源和自然资源
特点	包含非延伸作用的人工物力资源	强调人体器官功能的延伸

教学装备与教学工具显然应该是附属于教育装备与教育工具的,它们继承了教育装备与教育工具的本质特征,只是被限制在了学校教学活动的范围之内,是用于学校学科课程内容传递的装备与工具。所以,对于教学过程而言,教学装备与教学工具同样易被混同起来。

除了"工具"之外,还有一些概念容易和"装备"混淆,举例如下。

设施:为某种需要而建立的机构、系统、组织、建筑等。

装置:机器、仪器和设备中结构复杂并具有某种独立功用的物件,由各种设备组成,能够完成一个套工艺目标的整体。

设备:可供企业在生产中长期使用,并在反复使用中基本保持原有实物形态和功能的劳动资料和物质资料的总称。

仪器是构成装置的组成部分,指单独地或连同辅助设备一起用以测量的器具。

装备就是为完成某项任务必须配置的物品,和设备相比,具有强制性。教育装备则是未来完成特定教育任务必须配置的一系列物品。

3) 教育装备和教育技术装备

如图 1-3 所示,和教育装备相比,教育技术装备的范畴更小。教育装备包括图书资料、实验室仪器、体育中的健身训练设施、艺术教育中的耗材设备等,除此之外,还包括学校的基础设施,比如门禁系统、课桌椅、灯光、教学楼以及其他建筑或者服务于教育的分区。

图 1‐3　教育装备和教育技术装备关系

　　而教育技术装备多指直接服务于课堂教学的电子信息设备,比如计算机、教育网络、教学软件、电子书包、电子白板以及近年来出现的自适应教学系统、教育机器人等。教育技术装备是教育装备的一个重要组成部分,也是教育装备领域专家们研究的重点,是能够直接服务和作用于课堂教学的一系列设备。

1.3　教育装备研究领域

1.3.1　教育装备信息化与智能化

　　教育装备信息化与智能化也可以理解为教育装备的设计与研发,指的是教育装备的信息化设计与发展、智能化设计与发展。教育装备信息化,需要把很多人难以察觉到的信息收集并且转化,辅助人们更好地控制和改善环境,或者更好地了解教与学的过程。当下物联网智慧教室、眼动仪等都是教育信息化装备。智能化方面,在人工智能(AI)再次兴起的浪潮下,自适应学习系统、AI 教师等智能设备可以在各种算法的支持下,帮助师生更加了解自己,及时改进或调整教学行为、学习行为。设计与研发是教育装备发展的重点,利用 5G、人工智能等技术开展教育装备创新研发工作是教育现代化建设的基础事业。

1.3.2　教育装备标准化

　　教育装备标准化包含教育装备标准制订、教育装备标准化研究以及教育装备标准发展。随着技术的发展,诞生了各种各样新型的教育装备,同时很多老式教育装备也被淘汰成为历史,教育装备的标准必须处于一种动态变化之中以符合时代发展需求。教育装备种类的扩充需要广大学者不断参与到标准的研究工作中,以保证新型教育装备的生产和应用符合一定的要求,在教育中发挥对应的作用。

1.3.3 教育装备管理

教育装备管理是在教育装备实际应用中人们最为关切的一个领域。在学校情境中往往教育装备数量众多、种类繁杂,需要懂得教育装备管理的人才承担相应工作。本书通过介绍管理中采购流程、运营流程,旨在让更多教育装备工作者,更好地理解教育装备管理全过程,在工作中实现教育装备有秩序、科学地迭代更新,实现可持续化发展。

1.3.4 教育装备测量评价

教育装备测量评价关乎每一个使用装备的师生以及教学活动的质量。测量评价的功能在于确保装备的安全性、可用性、可靠性,帮助管理人员了解装备的使用状况,保障学校教育装备合理化分配,避免装备资源过剩、遗漏造成浪费,或者装备资源缺乏造成问题。

教育装备是教育资源中人工物力资源的一部分,然而教育装备需要研究的对象远远不止物质装备本身,还包括对人(学生、教师)、知识、装备物三者关系以及它们构成的教学系统进行的研究。图1-4展现的是教育装备主要对象以及研究方法的对应关系。

图1-4　教育装备外延结构

教育装备管理研究人如何管理装备物,通过项目管理、日常管理、标准化以及绩效测评等方式,使得教育装备处于科学合理的应用状态之下;教育装备研发是根据知识的形态以及教育参与者的需要对装备物进行需求考察、设计、研发和生产的活动。

第 2 章　不同场景的教育装备

教育装备的应用离不开特定的教育场景,其中以学段来划分教育场景是较为常见的分类方法。"学段"是指根据一定的标准把学习过程划分为若干特定的段落[1]。人的认知发展是分阶段循序渐进的,因此教育装备的开发与应用要满足学生认知特征。本节将依据学制中的学段划分来确定教育装备所应用的不同场景,分别介绍学前教育、中小学教育、职业教育以及高等教育中教育装备的发展历程、发展现状、分类等内容。同时,由于实验教育贯穿整个教育阶段,并有其独特的发展特点,本章也将对实验教育装备进行专门介绍。

2.1　学前教育装备

2.1.1　学前教育装备的发展历程

学前教育是一门独立的学科,在以人为本的基础教育中有着重要的作用。学前教育作为个体的启蒙教育,关乎一个人智力能力发展、道德品行以及学习生活习惯的养成。学前教育装备主要是指与学前儿童生活、游戏、教学活动密切联系的设备与材料,其核心为玩教具[2]。由于认知发展水平较低,学前儿童主要通过游戏来逐渐学习与感知世界。因此,集教育性与游戏性于一身的玩教具就是他们的"教科书"。玩教具对幼儿的运动操作技能、认知能力、语言能力以及社会交往能力的发展都有着关键的促进作用。

1) 国外学前教育装备发展历程

国外学前教育发展更加重视人的发展规律,较早就出现了符合幼儿认知发展的教育装备。"玩教具"由"玩具"不断发展变化而来。英国思想家洛克于 17 世纪发明了识字积木,代表着教育性玩具的问世。17 世纪后期,玩具制造商开始制作卡片类和拼图类玩具来教儿童学习计算、地理、历史、拼写和天文学等,试图使娱乐和教育一体化。

到 18 世纪,卢梭开始关注孩子与玩具的关系,希望能够利用玩具来加强对孩子的教育,并开始根据孩子的性别来分配玩具。之后,康德接受了卢梭的观点,但认为应该鼓励孩子们自己制造玩具。

进入 19 世纪之后,玩具在教育中的价值进一步受到重视,并出现了专门对儿童进行教育的玩具,其中代表性的如"恩物"。1840 年德国教育家福禄贝尔创建正规学前教育机构并且发明了一套适用于不同阶段幼儿发展的教育装备,将其命名为"恩物"。"恩物"由 6 种颜色、大小不同的道具组成,包括毛线球、几何体、木板、几何图形等。在不同阶段,配合设计不同的玩法,依次训练儿童对事物的认识能力、联想能力、想象力、对空间和数据的概念以及逻辑思维能力等。

继福禄贝尔之后,意大利教育学家蒙台梭利继承并发展了伊特尔和赛贡的思想,在创办的"儿童之家"中设计了"教具"来对儿童进行教育。她认为儿童不同感官的敏感度存在于不同时期,要在对应的阶段接受最敏感的感知觉刺激,激发其主动学习能力,提高其智力。蒙台梭利根据儿童对不同的感官刺激存在不同敏感期的原理,将感官训练细分为触觉、视觉、听觉等的训练,每种训练单独进行,并为此创制了一套教具,共 26 种,供除嗅觉外的感官练习之用。她强调发挥幼儿自我感知能力,减少外界干涉,在自我纠错中积累对世界的认识和经验。"恩物"和"教具"都是在一定思想指导下形成的具有完整体系的自制玩教具,它们的成功受到全社会的广泛关注,并开始工业化生产,成为幼儿园重要的玩教具设备。

2)国内学前教育装备发展历程

与国外有所不同,我国古代学前教育装备大多以书籍为主,比如儿童在懵懂之时通过《仓颉》学习文字,牙牙学语时记诵《千字文》《三字经》《诗经》以及《唐诗三百首》等。我国古代学龄前儿童在启蒙时期几乎没有娱乐性的装备,饱受背诵之苦,但也为后天学习打下了坚实的基础。我国幼儿教育千年以来一直以家庭或私塾的形式开展,直到清朝晚期才出现第一所公办的学前教育机构"湖北幼稚园"。该幼儿教育机构由外国传教士主持,崇尚书本,与现代学前教育观多有不同。

我国近代儿童教育由儿童教育学家陈鹤琴发起,他于1923年建立了我国第一个幼儿教育实验基地"南京鼓楼幼稚园",试验科学化、中国化的幼儿教育。陈鹤琴根据我国国情,建立幼儿教育体系,编制幼儿课程和幼儿教材。他以"活教育"为理念,发明创造玩具、教具、幼稚园设备等,明确幼儿阶段以节日、五爱教育、气候、动物、植物、工业、农业、儿童玩具、儿童卫生为主要内容的学习体系,大大推动了我国幼儿教育的发展。

学前教育装备从近代开始逐渐向正规化发展。1932年,陈鹤琴、张宗麟通过对幼稚园设备的研究,提出了一个比较完备的幼稚园设备表以及一个幼稚园最低限度设备表,正式公布了第一个本土化的《幼稚园课程标准》,但因当时经济条件所限,学前教育设备仅为纸面材料和自制玩教具。1964年,教育部教学仪器研究所成立,负责我国教学仪器设备研究发展规划和各类学校的教学仪器配备标准的制定工作。但长期以来,该工作主要针对大中小学教学仪器,学前教育装备并没有被单独分离出来,这在一定程度上阻碍了学前教育装备的专业化发展。1992年,国家教育委员会组织修订出台了《幼儿园玩教具配备目录》,让各地学前教育装备配备开始逐渐走向规范。2014年5月,中国教育装备行业协会幼儿教育装备分会成立,标志着我国学前教育装备行业真正走向了组织化、正规化发展的道路。

2.1.2 学前教育装备发展现状

由于我国幼儿教育在发展过程中经历了过激的一段时期,学前教育装备的发展超过了对应学龄阶段儿童的认知能力,2010年前后出现了比如艺术教育、双语教育、国学教育等学前教育机构的"特色教育"乱象。与此同时,受到升学压力的影响,很多幼儿园不能利用好幼儿教育装备培养幼儿个性,而以算数、识字能力压迫幼儿,抑制了幼儿发展。学前教育事关未来人才的素质,为此国家发出《中共中央、国务院关于学前教育深化改革规范发展的若干意见》《幼儿园工作规程》等系列文件规范学前教育,要求以幼儿为本,以"游戏"为主,合理设置课程结构,避免出现幼儿高强度机械记忆、执笔过早、握笔姿势不正确、不注意用眼卫生等错误现象,走出幼儿园教育"小学化"误区。

近年来,为了幼儿更加健康、快乐、全面地成长,国家不仅在经济上扶持学前教育,也发布了一些改善传统学前教育政策的文件,督促相关教育部门促进儿童全面发展,普及和改善学前儿童教育装备。国务院出台了《关于当前发展学前教育的若干意见》,形成了促进学前教育改革与发展的政策体系,明确了学前教育财政投入的政策,要求教育经费向学前教育倾斜,财政性学前教育经费的比例明显提高。学前教育进入发展机遇期。

2016 年教育部更新了《幼儿园玩教具配备目录》,对比研究全国 30 多个省份发布的与幼儿园教育装备相关的规范性文件,可以看到各个省份的学前教育装备发展情况略有差异,一些发展较快的省份,学前教育装备政策覆盖面较广。此外,从幼儿园配备情况也可以很明显地看出各个省份的学前教育环境、教学策略方面存在着很大的差异。表 2－1 列出了部分省份发布的学前教育装备规范文件与发布时间。

表 2－1　学前教育装备规范文件(按时间排列)

区域	年份	政策文件
安徽	2021 年	《安徽省幼儿园教育装备规范(试行)》
四川	2020 年	《幼儿园装备规范》
新疆	2015 年	参见国家教委 1992 年《幼儿园玩教具配备目录》标准
湖北	2014 年	《湖北省幼儿园保教设置配备标准》
江西	2013 年	《江西省学前教育项目幼儿园设置设施基本配置目录》
贵州	2012 年	《贵州省幼儿园基本办园标准》
福建	2010 年	《福建省示范性幼儿园教玩具配备目录》
重庆	2010 年	《重庆市幼儿园等级标准》
云南	2007 年	参见国家教委 1992 年《幼儿园玩教具配备目录》标准
上海	2006 年	《上海市学前教育机构装备规范》
吉林	2006 年	《吉林省幼儿园工作管理规定》
广东	1993 年	《广东省幼儿园设备设施配备标准》

根据各地学前教育装备规范的标准类型,可将其分为三类。第一类,出台了地方性标准,对学前教育装备的配备要求较为全面和规范。截至 2022 年

8月,全国有20个省份出台了地方性标准,代表了这些地区对学前教育装备的重视。地方性标准有幼儿园教育装备规范、幼儿园玩教具配备标准或幼儿园办园标准等多种形式。第二类,有相关政策涉及了学前教育装备的标准,如幼儿园等级标准或幼儿园评定标准中简单地提及了装备设备,对装备只提出了数量要求,但未对规格等进行具体说明。第三类,未出台地方标准型,这些省份主要以教育部1992年颁布的《幼儿园玩教具配备目录》作为本地学前教育装备配备的参考依据。具体如表2-2所示。

表2-2 地方性教育装备目录出台的类型

标准类型	地区	省份	数量
地方性标准	东部	广东省、上海市、福建省、河北省、浙江省、北京市、山东省、辽宁省、江苏省、海南省、天津市	20
	中部	安徽省、黑龙江省、河南省、江西省、湖北省	
	西部	陕西省、贵州省、四川省、内蒙古自治区	
相关政策涉及	中部	吉林省	5
	西部	重庆市、宁夏回族自治区、广西壮族自治区、青海省	
无地方性标准	中部	湖南省、山西省	5
	西部	云南省、甘肃省、新疆维吾尔自治区	

近年来,国家加大了在学前教育方面的投入,要求各个幼儿园严格按照上级有关标准进行办园教学,逐步改善办园条件,不断提高办园质量,使办园要求走向正规化。经过几年的努力,我国学前教育水平整体有了飞跃性提高。

考虑到不同年龄阶段的学龄前儿童的特征,我国规定了学前教育装备的基本要求,包括儿童活动室、特殊活动室的基本设施设备配置要求以及游戏教具和体能训练设备的配置要求。为了让幼儿在更安全的环境下接受教育,国家规定了建设幼儿园应该遵守的相关标准,对于教室有着详细要求,比如教室内不能有棱角,活动室的面积不小于50平方米等。因为幼儿的安全意识比较薄弱,在建设方面应该更多地考虑他们的安全问题,如对幼儿园的建筑建设要特别注意防火设计等。

在当前强调以儿童为中心、以游戏为基本活动的理念的指导下,幼儿保教活动的开展强调儿童对玩教具的操作性和互动性,以玩教具为主的幼儿园教育装备是幼儿在游戏中生活、学习、成长不可或缺的"教科书"。学前教育装备不仅是幼儿园教育课程的物质基础和技术保障,同时也是幼儿园课程体系的有机组成部分。在国家的规范要求下,幼儿教育装备得到了更加丰富、更加充分的发展,当下幼儿教育装备多围绕科学的幼儿教育原理,在幼儿能够接受的范围内帮助他们发展德、智、体、美、劳,用感知去认识世界,学习自然和社会规律,养成良好习惯。

2.1.3 学前教育装备案例

1)幼儿区域活动教育装备

区域活动也叫区角活动,是当前幼儿园实施素质教育,推动幼教改革的一种重要的教育活动形式,它能促进幼儿全面素质的形成,发展和提高。区域活动是有目的、有计划的一种学习活动,让幼儿在自立、自由的探索活动中学习、探索,掌握知识。它既不是先教后玩,也不是边教边玩。我们把区域活动看作是一个能给幼儿提供经过优化的、有利于幼儿活动与表现的良好环境和机会,它可以帮助老师合理地安排各项活动,提供充足的能促进幼儿活动的材料,建立和谐、自由、轻松的气氛,促进幼儿各方面的发展。

幼儿园根据幼儿健康、社会性、认知语言、艺术等方面发展的需要,站在幼儿的角度为他们创设了科学探索区、美工区、娃娃家、点心店、阅读区、音乐表演区等不同形式的区域活动;为幼儿提供了动手、动脑并且能按照自己的兴趣和能力进行活动的场所和施展才能的机会;本着合理布局,便于流动的原则,根据活动室的特点,将阅读区、点心店、娃娃家等区域设为固定区,其余设为活动区。

创设活动区要有一定的计划性,要根据近期的教育目标和幼儿发展水平有意识地选择和投放一些材料。有计划、有目的地投放材料是区域活动的物质支柱。幼儿活动的工具、材料投放是否得当,对幼儿的发展起着决定性作用。应根据幼儿的年龄特点和最近教育目标及幼儿的实际发展水平投放材料。不要把材料一下子投入进去,应分期分批地不断更新,由易到难,不断吸引孩子主动参与活动的兴趣,使他们保持新鲜感。

美工区:鼓励幼儿参加美工活动,大胆地表现自己的情感和体验,使他们能按照自己喜欢的方式创作美术作品,比如印章画(萝卜)、手指画、毛笔画,或者小汽车、小房子、轮船造型。

科学探索区:鼓励幼儿通过多种方式感知周围的物品、现象,了解物品的颜色、大小、形状、数量、方位等特征,尝试简单地比较、分类,操作、摆弄各种物品,尝试提问和表达自己的所见所闻,例如开展"盐不见了"、平衡(天平)、往瓶中灌水、泡黄豆、声音振动、沉浮等活动。

音乐表演区:鼓励幼儿用身体动作来表达自己的想法,做有规律的动作,能用声音、动作自由、大胆地表达自己的感受。可以开展节奏练习,学习小鱼游、花舞、小鸟飞、小鸭舞、小孔雀舞等。

娃娃家:模拟家庭生活,体验"我和爸爸妈妈是一家""招待客人""爸爸妈妈去上班"等表演活动。玩这种类型的游戏有利于孩子们学会分享、等待,体验与教师、同伴共处的快乐,理解并遵守日常生活中基本的社会行动规则。

阅读区:鼓励幼儿阅读图书,并把看到的内容讲给其他小朋友听,在讲讲看看中提高语言的表达能力,丰富词汇,例如开展"看地图找家""我叫某某""我给你讲故事"等读书与表达的活动。

点心店:通过让幼儿模仿点心店师傅的工作,引导他们区分饼干、汤圆、馒头、水饺、包子、蛋糕,让幼儿体验游戏的快乐,培养他们开朗的性格。

在规划活动区时,要加强区域间的配合、渗透,使不同区域间相互促进。不同区域虽然是相对独立的,但它们之间可以相互联系起来,以增强活动的趣味性,使幼儿保持活动的兴趣。比如引导幼儿在美工区印小鱼等送到娃娃家,制作花环送到表演区。幼儿对这些活动会很感兴趣,在做做玩玩中能轻松地获得相应的知识。

2)不插电编程教育装备

随着信息社会的发展,计算思维、编程思维等的培养也逐渐低龄化,对于3~7岁的幼儿来说,他们虽然不能理解抽象的代码符号,但是已经具备了一定解决问题的思维能力,在思维诞生的关键期接受合适的训练至关重要。不插电编程教育,顾名思义,通过没有电子代码的实物进行模拟编程,在情境中解决问题,培养早期计算思维。当下的不插电编程教育装备多为安全的实体电子积木,儿童在理解具体问题情景之后,需要手脑并用,对积木进行拼接排序,并运行"代码",在不断试错和调试中理解逻辑规律。比如设计小区的交通规则、完成给定的社会生活任务等,也可以通过角色扮演的方式提高沉浸感,激发孩子解决问题的动力,提高言语表达能力以及经验归纳能力。图2-

1是贝尔科教开发的机器人 Mabot 不插电编程设备,运用积木指令块与编程板的蛇形引导线,引导小朋友完成程序编写。按照引导线的顺序放置指令块按下启动钮后,机器人小车便可按照小朋友的指令行走。

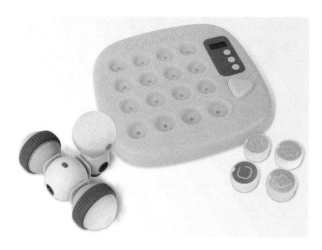

图2-1 贝尔机器人 Mabot 实物编程板[3]

3）平衡车

儿童平衡车是一种外形酷似自行车的体能发展教育装备,这种车没有链条和脚踏板,依靠儿童持续不断用脚蹬地提供动力。和自行车不同,平衡车不需要有很高的身高标准,适用于2~5岁儿童,对膝盖的损伤也更小。儿童在滑行平衡车时可以提高腿脚协调能力,培养平衡力,很好地训练双侧肌肉均衡发展。2018年开始,平衡车逐渐在我国推广开来,当下各地已经有大量平衡车培训机构和平衡车赛事。

2.2　中小学教育装备

2.2.1　中小学教育装备发展历程

改革开放后,中小学教育装备总共经历了四个发展阶段（见图2-2）,分别是初始建立阶段、初步扩充阶段、专业化阶段及信息化阶段,各个阶段都有不同的历程,展示着教育的发展状态。

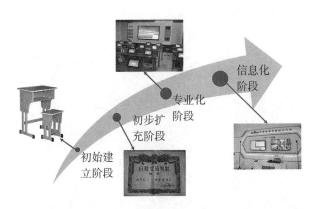

图 2-2　基础教育装备发展四阶段

1985 年我国正式进入了基础教育装备的初始建立阶段,但那时候的教育装备主要是简单基础的工具和器材,比如书本、桌椅等设施[4]。

1994 年我国进入了基础教育装备的初步扩充阶段,国家实施扫盲政策,基本扫除了青壮年文盲,在这之后又发布了一系列加强教育装备建设的文件。

2011 年底,我国所有省份全部通过"两基"(基本普及九年义务教育、基本扫除青壮年文盲)国检,标志着我国基础教育装备进入了专业化阶段。基础教育普及达标后,教育装备方面发展速度也随之加快,具体表现为设备分类更加细分化、专业化,设备配备达标率更高,有利于开展实验教学以深入培养学生各方面的素质和能力。

2012 年党的十八大召开,在教育领域出台了一系列重大决策,也标志着基础教育的发展进入了一个新的时代——信息化时代。基础教育装备尤其是农村基础教育装备获得了长足的发展,具体体现在教育装备经费投入增加、装备建设标准提高、信息化显著,以及教学设备一体化的提升。

2.2.2　中小学教育装备发展现状

为了满足教育高质量发展的需求,提高青少年核心素养和综合竞争力,近年来中小学教育阶段教育装备的发展速度十分迅猛。如今各中小学学科、实验器材达标均在 90% 以上,各中小学也基本实现联网、用网自由[5]。社会的发展驱动着教育装备的发展,开发与时代所匹配的教育装备成为必然。

同时,我国基础教育装备发展现阶段存在一定的问题也不容忽视。信息技术的高速进步,推动了基础教育装备的发展与完善。然而,教育装备的建设与完善与经济发展水平、信息化发展程度等因素息息相关。因此,在基础教育装备高速发展的过程中,也必然存在一些问题,包括基础教育装备普及率在城乡和区域之间的发展不均衡及基础教育阶段教育装备使用率低等。

应对基础教育装备普及率在城乡和区域之间的发展不均衡及基础教育阶段教育装备使用率低这两大问题,我国政策给出了一些指导性的建议,相关学者也提供了一部分建议。

《教育信息化"十四五"规划》对于均衡东部和西部的教育发展不均做出了明确的指示,重点发展教育信息化产业,力求通过技术实现教育公平,减少由于经济发展水平不平衡带来的教育发展不均衡的问题。目前我国基础教育阶段教室基本设施、计算机、电子白板等教育装备基础设施基本已比较完善,城乡之间、东部与中西部之间的差异突出体现在创客教室、智慧教室等新型教育装备的应用方面。国家对教育信息化尤为重视,在各种政策支持与推进下,城乡、区域可逐步实现资源共享或校际帮扶,以推动教育装备均衡配置以及有效使用。

我国基础教育阶段教育装备使用方面存在的问题,究其原因,一是部分教师投身于一线教学,较少了解新型教育教学方式以及信息技术教学手段等相关信息,二是教育装备在教学中的应用对于教师的技术应用能力也提出了一定的要求。因此在以后行业的发展中要注重对于教师信息技术技能的培训,开设线下或线上教师信息技术培训课程,提升教师对于信息装备的使用能力及其信息教学素养,以此来提升基础教育装备的使用率[6]。

2.2.3 中小学教育装备案例

1)创客教育空间装备

创客教育成为 21 世纪培养创新性人才的重要举措。创客教育在我国发展的周期不是很长,但是近几年发展是飞速的,许多中小学都投入对创客空间的搭建当中,这方面的人才也在近几年相继涌现出来。那么创客空间到底是怎样的呢?我国学者杨绪辉认为,创客空间不是基于教材而展开的,而是依托于实际的环境,将技术作为脚手架,为学生搭建彼此进行讨论和学习的空间。创客空间具有数字化功能,可以将学习者的想法变为现实。

2）学科教室、创新实验室

学科教室是针对某一专业课程而设置的教室，是能够为对应学科提供特殊学习环境、组织学生完成相关学习活动的场所。创新实验室是使用信息化手段，融合科学的学习方式，有新型教育技术装备的学习环境，这种场所有助于激发学生动手实践，易于开拓学生的发散思维，有利于创新精神的培养。教育现代化水平较高的一些中小学已率先开发特色化的学科教室和创新实验室。

3）科学活动教育装备

基础教育阶段的教育装备很多集中于科学和综合实践活动课中，科学教育包括必要的科学知识和技能、科学的思维方式、对科学的理解、科学的态度与价值观以及应用科学知识和方法解决问题的意识和能力等方面。对学生的科学教育，不同阶段有着不同的内涵。小学科学教育装备基本分类如图 2-3 所示，分为生物与环境、自然科学、机械运动与能量、器皿与工具和展示五个大类。

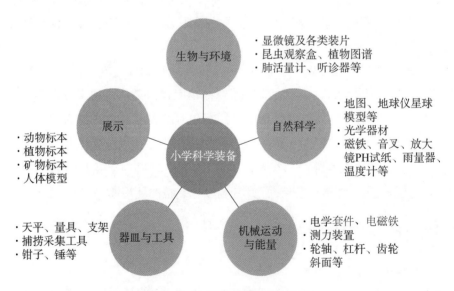

图 2-3　小学科学教育装备分类

生物与环境部分主要是认识人体、动物和植物的基本结构，让学生通过显微镜、观察盒等认识动植物细胞结构，通过简单的医疗器材帮助学生认识人体，增强生命意识；在自然科学部分，主要是结合地理、气象学基础知识的教育装备，帮助学生认识人类赖以生存的自然环境；在机械运动与能量部分，主要通过电学套件、力学装置和机械装置帮助学生认识现代社会的基础物理世界,激发学生的工程意识和对工程设计的好奇心。此外科学教育装备也包括各类器皿、工具和展示品。器皿主要指用于开展生物化学实验的玻璃制品、加热装备等,用于认识实物的天秤、尺子、采集捕捞工具等,以及用于调整模型和基础设计制作的钳子、锤子等工具。对于生活中不容易观察到的东西,使用动物标本、植物标本、矿物标本以及人体模型的方式进行展示。这些东西一起构成了中小学阶段的科学学科学习装备,可帮助学生认识、理解有趣的科学世界,体验科学家的基础操作,激发他们对于科学探究的兴趣和继续学习的动力,为未来的深入学习打下基础。

4)电子白板

随着信息技术和多媒体技术的快速发展,黑板、投影幕布等传统的教育装备已经难以满足课堂需求,交互式电子白板的出现迅速获得教师和学生的青睐。交互式电子白板是辅助现代化课程的教育辅助系统,它在很大程度上取代了传统的展示教学内容的黑板,教师通过电子白板进行教学,在上面可以实现书写和交互[7]。电子白板的使用极大地推动了教育信息化的发展,通过电子白板进行教学节省了大量的课堂时间,教师可以通过教学设计提前做好教学课件,通过教学课件集中学生的注意力,提升学生的参与度,方便学生更多地掌握知识和技能。

第一块电子白板诞生于 20 世纪 90 年代的加拿大。之后,各国各公司纷纷研制生产,由此引发的市场竞争带来电子白板技术的飞速发展[8]。2008 年,我国为应对当时的金融危机,采取了很多扩大内需的措施,例如加大对"班班通""中小学远程教育"等工程的投资力度,这些工程不仅促进了电子白板技术在教育领域的应用,也使其在金融、医疗、通信等多个行业开始普及[9]。

电子白板的种类有红外感应式、压感式、电磁感应式、超声波、交互式光学影像几类(见表 2-3)。

表 2-3　各种电子白板的原理、优点及缺点

种类	原理	优点	缺点
红外感应式	通过电子白板周边的红外线管检测阻挡红外线光的物体实现定位	定位准确,反应快、造价低	容易受环境制约,需要用专用笔操作

（续表）

种类	原理	优点	缺点
压感式	依靠电阻膜技术，通过检测电阻值进而实现压感定位	允许触摸操作	触摸之后反应慢，且多点操作时不够流畅
电磁感应式	运用射频原理	定位准确、可靠性好	需要用到专用笔
超声波	通过绘测来自白板笔的超声波信号从而实现定位	小巧便于携带	容易受环境的影响，且需要专用笔
交互式光学影像	在显示区域的一边设置两个固定距离交互式光学线点阵探测器和红外发射器，通过检测探测器和红外发射器的信号变化进行定位	可以多点操作	技术比较新，目前不太成熟，普及度比较低

2.3 职业教育装备

2.3.1 职业教育装备的由来及发展

职业教育通常包括理论和实践经验的结合。通常，讲师会使用基于能力的评分（超过标准评分范围）来检查学生是否掌握了技能。现代职业教育使学生能够发展针对所选工作的可转移的创造力和个人发展技能，对学习者实施其以后所从事职业或生产劳动所必需的职业知识、技能和职业道德的教育，包括职业培训与职业学校教育。职业学校教育是学历性的教育，分为初等、中等和高等职业学校教育。想要做好职业教育的实行工作，达成职业教育的目标，必须注重实践与理论的结合。要做好实践工作，老师需要通过教育装备演示，学生需要通过教育装备真正学到知识，获取技能。

随着早期职业教育的不断发展，我国用于传授职业技艺的教材教具也有了进一步的改善。在职业教育发展过程中产生的一些创造发明，通过教育实践不断发展。

伴随着近代资本主义机器工业生产的发展,现代意义上的职业技术教育逐渐产生并发展。清代的洋务运动使我们从西方学习了许多先进技术,同时也引进了西方的职业教育制度,我国的职业教育及其教育装备发展开始受到重视。

民国时期,教育部颁布《职业学校规程》,规定了职业学校的实习设备标准,注重扩大合作来发展职业教育,加强农业、林业、工业等技术机关与学校的合作,充实职业教育装备。

中华人民共和国成立以来,国家对职业教育的重视程度不断提高。20 世纪 50 年代,教育部大力兴办中等专业学校,提出通过校企合作开展生产教学来解决职业教育装备不足的问题。改革开放之后,职业教育技术装备建设得到大力加强,教育部颁布多项政策规章,有力促进了职业教育技术装备的建设。

进入 21 世纪,国务院对职业教育的重视不仅加快了职业教育的发展,也推动了职业教育装备的发展。国家创立网站,运用新渠道推广设备标准,设立专家组为学校提供优质装备和解决方案,以此改善各省尤其是欠发达地区职业学校教学、实训条件,充分发挥专业仪器设备的作用,提高教育教学质量。

2.3.2　职业教育装备现状

2.3.2.1　职业教育装备投入情况

我国职业教育近些年实现了跨越式的新发展。2022 年 5 月 1 日,新修订的《中华人民共和国职业教育法》[10] 正式实施,明确“职业教育是与普通教育具有同等重要地位的教育类型,是国民教育体系和人力资源开发的重要组成部分,是培养多样化人才、传承技术技能、促进就业创业的重要途径”,这标志着现代职业教育体系建设进入新的法治化进程,也意味着职业教育“类型”地位在法理上得到保障。

如今职业教育在不断发展中已经成为中国人才供应极其重要的一环。随着社会对职业人才的需求不断提升以及国家对职业教育的投入加大,近些年中国职业教育装备市场规模持续保持 15% 以上的增长速度,我国职业教育投入也呈不断上升趋势(见图 2 - 4)。随着社会对职业人才的需求增加,对职业人才的培养重视程度也在不断上升。“十四五”以来,追求高质量发展的新经济格局对中国产业结构升级调整提出了更高要求,行业边界不断被打破,不同领域知识和技能交叉日益频繁,各类企业对混合型、创新型、高技能人才的需求量持续增加。我国 2020 年以来出台的多项政策中都提及要发展职业技能培训。

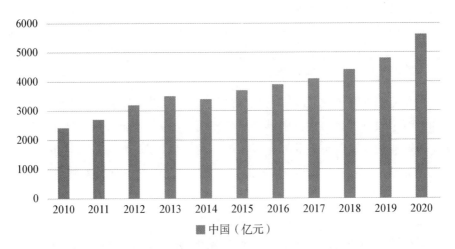

图 2-4 2010—2020 年中国职业教育投入(单位:亿元)

随着国家对职业教育装备的重视,为了更好地发展职业教育装备,我国积极参与国际合作,开展促进职业教育装备产业升级发展的活动。近几年来,青岛的国际教育信息化大会、南宁的中国-东盟职业教育装备展、南京的未来教育与智慧教育装备展览会等,体现出中国对职业教育装备行业发展的重视与支持,以及对未来职业教育装备发展的美好期望。随着国家对职业教育的重视,职业教育装备相关企业也在不断壮大,职业教育装备前景一片光明。

2.3.2.2 职业教育装备发展存在的问题和应对措施

近年来,随着职业教育的快速发展,校园数字网络、多媒体教学仪器等现代教育信息化设施蓬勃发展,数控机床、汽修实训设备、烘焙设备等专业实训设备在职业院校已基本完成配备。可以说,职业教育装备发展迅速,并且取得了一些不错的成绩。但也有不尽如人意之处。

1) 教育装备管理信息化程度仍有待提升

虽然现代化教育装备在校园中出现得越来越广泛,但学校与教育技术装备管理部门对于日渐普及的教育装备还没能做到信息化管理。大多数情况下,学校的教育技术装备都是采用人工管理,因此及时有效地查询教育装备的数量、当前状况、使用频率等都需要花费不少的人力物力与财力。这导致各项教育装备统计数据汇集困难,管理者无法及时了解教育装备状况。

将教育装备按一定的标准分类登记、建立财产账簿,动态反映其使用状况,是一项繁琐的工作。目前,职业学校大多采用的是传统手工记账,这种方式在信息爆炸的今天体现出很多弊端与不足。一是传统纸质材料保存困难,携带十分不方便,并且记账形式不规范;二是信息不易查询,修改起来也十分麻烦,不容易统计,无法为学校的采购提供即时准确的信息;三是不能准确地反映装备当前的状况,如教育设备未存放在指定位置,被相关人员借用、维修等,信息无法立即体现。这些问题影响与制约了教育管理决策制定和教育装备行业的发展。

2) 数字化教育装备标准不健全

在教育发展过程中,学校在数字化教育装备采购中投入的经费在教育总经费中的占比不断增加,教育行业对教育信息化建设提出了更高的要求,但是到目前为止,数字化教育装备的可操作性标准尚未明确。笔者认为,应该在国家的支持下制定合适的标准,以保证教育适应性和教育装备的质量。目前在我国使用的教育器材产品中,具有国家标准和工业标准的只有四分之一左右。此外,在已有的国家标准与工业标准中,与数字教育设备相关的标准很少。由于标准的严重短缺,政府采购和招标没有明确的指导方向,一些学校采购的数字设备质量较低。很多职业学校的教育装备管理信息标准不完善,缺乏一个规范化、系统化的教育装备标准管理系统。许多学校因此陷入发展瓶颈,亟须国家推出一个规范化的标准系统。

3) 缺少专业化管理人员

长期以来,教育装备管理人员信息化观念、掌握的信息技术水平相对不足,不能迅速捕捉到行业最新发展现状,导致教育装备利用率较低。各级教育管理部门及领导人员对装备管理信息化的认识不够全面,观念比较落后。很多学校负责教育装备管理的工作人员年龄偏大,观念滞后,专业知识和技能缺乏。此外,教育组织对于相关管理人员并未进行足够的管理与培训,许多的管理人员已经习惯了手工管理模式,却不具备熟练使用教育装备管理信息化系统的能力。

4) 不同类型院校有落差,地区之间不平衡

分区域看,地方高职院校生均信息化设备资产占比区域差距较大。随着职业教育快速发展,尤其是高职院校扩招后,校均规模扩大约 20%,有的学校

办学资源被稀释,出现办学条件不达标的情况。一些省份高职生均标准执行不彻底,没有覆盖中央企业办学。中职生均拨款国家标准迟迟没有出台,各省标准不一,中职经费投入难以保障办学条件的改善。同时与本科院校相比,高职(专科)院校的信息化设备资产占比明显较低,与之存在一定差距。

2.3.2.3 职业教育装备发展建议

职业教育承担着培养高技能型人才的神圣使命,职业教育装备是造就学生职业技能的强大道具。职业教育在职业教育装备的帮助下,避免了"纸上谈兵"的浅层学习,职业教育装备对于培养具有很强的实践动手能力和操作能力的高技能型人才具有极大的推动作用。

"工欲善其事,必先利其器",要想更好地发展职业教育,就一定要发展职业教育装备,两者相互促进相互扶持。加强职业教育装备建设,对于提高职业教学质量,落实科学发展观,实现职业教育内涵发展具有重大的现实意义。

要想更好地发展职业教育装备务必要加强教育信息化基础设施建设部署、完善国家教育装备管理服务体系、加快数字化教育装备标准建设、加强校企合作,培养"双师型"教师、加强 VR 技术与职教实践教学深度融合。

从教育装备工作者的角度来看,需要做好思想和行动上的准备来迎接更加丰富的职业教育。

首先,从思想层面来看,教育装备工作者应当及时接收新鲜资讯并更新自己的教育观念。职业教育常会因为其边缘化的特征受到来自社会大环境的歧视与偏见,但其实职业教育的实质上是一种与基础教育、高等教育等处于平等地位的更注重实操经验的教育体系。因此职业教育的教师也应该不断提升自己的专业素养与实践能力。

其次,从实操层面来看,职业教育教师应当积极接触专业前沿装备。只有从事职业教育的教师熟练掌握了职业教育先进装备的使用,才有可能在未来的教育教学情境中加以运用,从而达到国家提出的要求和标准,培养具备信息化素养的优质技能型人才,同时推动职业教育装备不断向智能化方向发展。

2.3.3 职业教育装备案例及发展趋势

1) 职业教育装备主要分类

根据中国教育装备行业协会发布的报告,我国职业教育基本由中等职业教育和高等职业教育组成,职业教育共设置 19 个专业大类、97 个专业类、1 349 个专业,其中中职专业 358 个、高职专科专业 744 个、高职本科专业 247 个[11]。

对应的职业教育装备大致可以分为医药教学器材、汽摩类教学器材、电子商务教学器材、电气教学器材、地理教学器材、实训考核鉴定设备、通信教学设备、生物教学器材、楼宇自动化教学器材、电子教学设备、机电教学器材、维修电工教学设备、特殊/专业教学器材、家电教学器材、制冷制热实训器材、汽车维修教学器材、物流管理教学设备等。

2) 职业教育装备发展趋势

如图 2-5 所示,职业教育装备发展趋势表现在以下五个方面。

图 2-5 职业教育装备发展趋势

职业教育装备的发展趋势之一是要以信息化建设为主要突破口。

近几年,在我国产业转型升级和职业教育改革创新的大背景下,我国职业教育领域的实训教学水平发生了质的飞跃,大数据、物联网 +、AR/VR 等信息技术应用到了专业教学领域。但是职业教育的信息化建设还需重点加强中高等职业教育优质数字资源的建设力度,不断完善数字化教学资源开发机制和数字化教学资源共享模式。

职业教育装备的发展趋势之二是将完善标准作为关键环节。

近些年,随着经济发展、科技进步以及相关产业的快速发展,职业教育装备配备标准类别太少,越来越不能满足职业学习与应用的要求,需不断地补充和修订职业教育标准,以教育发展规划纲要为引领,紧跟产业发展要求,对接行业用人标准,对应核心课程标准,根据职业教育发展对职业教育装备建设的要求,综合考虑中、高职学校装备现状和地区、学校之间的实际差距,大力宣传、推广、普及职业教育技术装备新标准,推动各地、各相关院校结合办学实际,制订本地区、本院校的实施方案,分阶段逐步使相关专业仪器设备装备达到现有标准的要求。

职业教育装备的发展趋势之三是要服务于技能人才培养的新要求。

职业教育为国家培养了一大批技术技能人才。教育装备水平对于职业教育的质量具有极其重大的影响力。提升中国实力,强化"中国制造"迫切需要一支庞大的高素质技术技能人才队伍的支撑。教育装备快速发展被提上日程,要达到这一目的,一是要全面改善职业院校和各类培训机构的办学条件;二是要推进职业院校标准化建设;三是要积极开拓创新,寻求在重点领域的突破,从而带动整体发展。例如,湖北某职业学院的 3D 打印专业与行业接轨紧密,装备配置齐全,取得了一定的专业建设成果,为 3D 打印行业提供了优秀的技能型人才。

职业教育装备的发展趋势之四是建设高水平实训基地。

根据中国教育装备网发布的数据,职业教育对教育装备实训的需求旺盛,实训基地是职业院校完成实践实训教学、培养学生应用职业技能的必要场所。职业教育由于自身的专业教学需求,一直是采购实际装备器材的教学用户主力,采购以传统的汽车数控机床、计算机、会计金融产品为主,涉及机器人、虚拟现实等新技术的采购项目较少。不过,随着国家产业的升级和新兴产业的发展,这些新型企业的人才需求将会越来越大,而且随着国家人才战略布局的展开,职业技术学校和各大高校纷纷成立机器人、VR 等新技术专业,对该类教育装备的需求或将迎来新的增长。

职业教育装备的发展趋势之五是教育装备行业国际交流合作进一步深入。

我国职业教育装备的出口和进口平稳增长。我国职业院校和企业积极开展国际合作办学和培训,随着中国与"一带一路"沿线国家的基础设施建设和经贸合作的深入,制造装备行业属于战略倡议中的先行领域,合作空间巨大,行业优势领先。职业教育装备要抓住国家战略的机遇,不断发展。

2.4 高等教育装备

2.4.1 高等教育装备及其发展

1）高等教育装备

在高等教育环境中的教育装备一般称为高等教育装备，具体指"实施和保障高等教育教学活动所需的教具、学具、器材、设施、场所及其配置过程的总称"。在高等教育教学中，由于对教育装备使用的要求相对较高、专业性更强，其分类方式也更多。2019 年教育部发布的教育行业标准《高等学校固定资产分类与代码》，将高等教育装备分为通用设备和专用设备[12]。通用设备指的是"国民经济各部门用于制造和维修所需物质技术装备的各种生产设备（例如金属切削机床和锻压设备）"。可见，通用设备是能够实现多种功能，且能够用于国民生产生活的一种设备。专用设备往往对专业技能有一定的要求，通常用于特定功能或者生产某一类特殊产品。表 2-4 列举了部分类别的通用设备与部分专业所需的专业设备及其他设备。

表 2-4 高等教育装备分类名称一览（部分）

通用设备	视听设备	投影仪、新闻灯具、照相机、全息摄影仪、音频设备、视频监控设备、卫星广播电视设备等
	通信设备	铁道无线电通信设备、移动通信（网）设备、地面导航雷达、信标接收机等
	计算机设备	PC 服务器、交互平板、编程测试仪、翻译器、网络设备、集线器、磁盘机、存储设备、打印设备等
	实验设备	色谱仪、波普仪、物理特性分析仪器及校准仪器、电化学分析仪器等
	机械设备	金属切割设备、工业机械手、工业机器人、金属焊接设备、锻压机械等
专用设备	工程学设备	水泥专用设备、挖掘机械、铲土挖掘机械、推土机、压实机械、静碾压路机、夯实机、路面及养护机械等
	体育学设备	田赛设备、径赛设备、球类设备、体操设备、举重设备、水上运动设备、游泳设备、冰上运动设备、射击设备等

（续表）

农学设备	耕地机械、播种机械、谷物收获机、收货后处理机械、磨粉（浆）机械、棉花加工机械、畜牧饲养机械等	
地理学设备	海洋综合观测系统、经纬仪、水准仪、平板仪、测距仪、GPS测量仪、智能全站测速仪、天体测量仪等	
医学设备	医疗设备、手术器械、医用电子生理参数检测仪器设备、纤维内窥镜、电疗仪器、核磁共振检测设备等	
其他设备	普通图书、电子图书、盲文图书、期刊、文献、视听资料、档案等	

2）高等教育装备发展历程

我国高等教育装备的发展和高等教育的发展状态息息相关。全面梳理高等教育装备发展的历史脉络，总结当前发展特征和存在的主要问题，有利于把握高等教育装备的未来发展方向，加快推动教育现代化进程。我国高等教育装备发展可分为"艰难起步—逐步发展—快速发展—跨越发展"四个时期，且现阶段高等教育装备凸显"高效规范"和"智慧创新"两大特征。

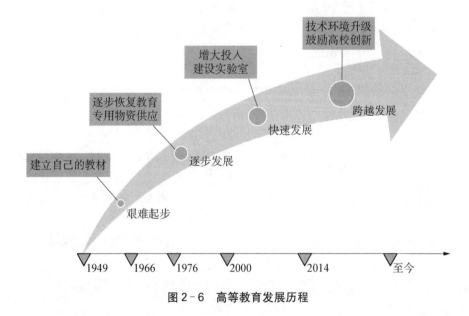

图2-6　高等教育发展历程

中华人民共和国成立后的二十多年里，我国教育装备处于不断探索的曲折发展状态。高等教育按照"维持原有学校，逐步加以必要的与可能的改良"的总方针[13]，进入起步发展期。高等教育装备，尤其是大学教材以及大学实验仪器,也在这个过程中逐渐发展起来。

20 世纪 70 年代末 80 年代初,教育专用物资供应得到逐步恢复,高等教育装备迎来了平稳发展期。随着《关于教育体制改革的决定》《中国教育改革和发展纲要》等政策文件的颁布,我国的高等教育进入了全面发展阶段,高等教育装备在生产配置、生产规模、相关标准制定等方面,也随之进入了一个新的积极发展阶段,在稳扎稳打中慢慢恢复和发展,为下一阶段的高等教育大众化奠定了基础。

进入 21 世纪以来,党和国家特别重视高等教育对于科研事业发展的重要意义,不断强化对高校的改革和投入,使得 2000—2014 年间高等教育装备的质量和数量水平都有着指数式提升和发展。并且随着我国信息化水平的不断提升,大量信息化设备也被应用于高等教育中,高等教育装备迎来了快速发展期。

2.4.2 高等教育装备现状

2014 年以来,随着人工智能、大数据、物联网等各种信息科技的快速迭代更新,高校教育装备发展显现出自主创新、智慧化、一体化的特征。《中国教育现代化 2035》第八项战略任务指出:"加快建设智能化校园,统筹建设一体化智能化教学、管理与服务平台。利用现代技术加快推动人才培养模式改革,实现规模化教育与个性化培养的有机结合。"[14]这一点在《教育信息化 2.0 行动计划》中也有所体现,在教育信息化不断推进的大浪潮之下,各院校的教育装备的发展呈现出数字化、网络化和智能化的趋势[15]。

除此之外,如《中共中央、国务院关于全面深化新时代教师队伍建设改革的意见》等文件对教师队伍的教育装备创新和应用能力也提出了新的要求,即提高教师教学与研究能力,鼓励教师推动高校实验教学方法、教学手段的改革与创新,鼓励使用自制教学仪器设备自主创新解决教学中的重点、难点问题[16]。在诸如 2018 年举办的第五届全国高等学校教师自制实验教学仪器设备创新大赛等教师教育装备应用竞赛中,开始出现虚实仿真、3D 打印、图像识别等新型技术的应用,大大丰富了教育装备的发展内容。在 2021 年举办的中国高等教育博览会中,61 所高校自主开发的 336 个智能教育装备亮相,包括自主水下航行器、智能无人汽车教学实验平台等。这些运用了高精尖技术的教育设备不仅可以应用于高校,也可以应用于企业,进一步促进了高校的科教、产教融合，以及高校教育装备的创新发展。

2.4.3　高等教育装备案例

高校是科研的重要场所，高等教育装备几乎囊括了所有的探测、实验、检测装备，各个学科都有大量的装备。以下仅列举部分体现教学便捷性的高等教育装备，以使读者体会用于教学的高等教育装备在科研中的应用与高等教育装备在教学科研两用中的设计特点。

1）眼动仪

眼睛是人最主要的感知觉器官之一，也是认知的最重要依据之一，目光的停留、转移等动作预示着不同认知事件的发生。研究眼动的位置、时长以及关注度，可以帮助研究者将目光和产品界面结合，了解到用于学习的材料、商业广告等有哪些地方没有达到预期效果，便于发现人的认知规律，有针对性地改进产品设计方案。眼动仪在高等教育中广泛用于设计类的专业，包括教学设计、广告设计、网页设计等，也常用于教育学、心理学等专业领域，帮助研究者认识学生或者研究对象的注意规律，便于施加干预或者针对性地纠正不良行为等。

2）高效气相/液相色谱-质谱联用仪

在国家"绿水青山就是金山银山"的号召下，高等教育领域大力发展环境科学，对于土壤、空气、水等自然物质的环境采样与分析提高了需求。高效气相/液相色谱-质谱联用仪是气相和液相质谱仪的结合产物，为复杂化合物的定性定量分析提供了有力支持，在环境保护、食品安全、化工业检测中有着广泛用途。

3）便携式显微镜

对于生命科学、自然科学等专业来说，开展户外研究或者远距离研究是科研工作的家常便饭，过去显微镜作为一种精密又易碎的仪器不便携带。近年来随着电子科技的发展，便携式显微镜出现，其更加轻便、稳定，可以像略大的相机一样被学者带到更多地方开展实地研究。除此之外，便携式显微镜的成像也不再局限于肉眼可见的镜头，带屏幕的显微镜可以放大成像结果，便于群体教学观察。成像结果也可以用手机软件查看，极大地方便了教师记录数据，分享结果，开展学习和研究活动。

2.5 实验教育装备

2.5.1 实验教育装备及其发展

实验教育贯穿于各个学段,主要关注实验仪器设备配备、实验教学模式、实验室(及实验基地)管理问题。教育装备很大一部分是和教育教学过程中的各种实验息息相关的,教师在实验中通过各种设施、仪器、工具模拟真实情境,帮助学习者提高学习质量,动手实践能力,使他们学以致用,在实际生活中解决真实问题。因此实验设备的配备管理、教学模式、实验室管理成为高等教育装备的研究主题,当下实验教育装备管理也拥有了智能化解决方案——利用数字科技更好地让实验室发挥作用。

实验教育装备是实验室的一部分,实验室发挥着科学研究和教学的双重作用。世界上最早的实验可以追溯到几千年前古代炼金术士的作坊,人们为了从自然界的物质中提取黄金开始各种各样的尝试,也发明了大量的实验仪器、设备和实验方法。工业革命之后,随着自然科学的规范发展,实验室从私人活动作坊向更加规范的方向发展,高等院校纷纷建立实验室支撑科研活动促进学科发展。

自然科学实验室发展较早,第一个正式的物理实验室一般认为是1874年由麦克斯韦在剑桥大学建立的卡文迪许实验室,麦克斯韦认为物理教学必须以系统讲授和表演实验相结合的方式进行,并要求学生自己动手。在人文社会科学方面,由于社会科学研究对象是人以及人的活动,大部分的社会科学研究都是在社会某些领域的大环境中进行观察、实验和验证。最早的心理学实验室是1879年由冯特在莱比锡大学建立的,该心理实验室的建设标志着新心理科学的诞生。后期随着科学技术的进步,产生了多种数字心理研究仪器,比如脑电仪、眼动仪等,用于观察人的行为和心理关联。

麦克斯韦曾说:"实验教育的价值往往和实验仪器的复杂度成反比,学生自制仪器虽然可能常常出错,但他们会比直接用调试好的仪器学到更多的东西,减少依赖。"从那时开始,自制实验仪器成为卡文迪许实验室的传统。在实验教育装备的未来发展趋势层面上,鼓励创新和动手实践也是当今我国实验教学中值得借鉴并不断受到重视的一点,这不仅有利于培养学生的实践能力,也有助于实验装备的发展和科学进步。

中华人民共和国成立以来,基础教育阶段实验教育伴随着物理、化学、生物课程一起走进教室。由于实验器材珍贵,实验仪器和材料匮乏,大多数实验以老师演示为主。改革开放之后国民经济生产能力提升,动手实验开始面向更多中小学阶段学生。做实验的目的一方面是验证科学原理,另一方面是通过探究的过程认识自然,训练探究的方法和不怕失败的科学精神。20 世纪90 年代前后,国内学界在国际竞争之下,深感我国实验教育的匮乏,人才缺乏动手能力、科学探究能力,认识到实验对于培养学生动手实践能力的重要意义,开启实验教育改革,以地区为单位逐步推动中考实验能力考核,以评价的方式推动实验教学,培养学生探究精神,提高学生动手实践能力[17]。

2.5.2　实验教育装备现状与发展趋势

1）基础教育中的实验教育装备标准

正式的实验教育是从基础教育阶段开始的,在这一阶段,国家通过实验教育培养学生的科学探究技能和动手实践能力,在全国范围内举行实验考试,财政加大拨款帮助各地区学校建设实验室,保障实验教育教学活动的开展。

当下我国基础教育阶段的实验教育尚存在一定的问题,包括对实验教育重视程度不够,实验实操教学开不齐、开不足,实验实践内容陈旧、形式单一,实验教学质量不够高等。2019 年教育部发布《关于加强和改进中小学实验教学的意见》,针对提升学生发现问题能力、创新思维能力、综合实践能力和团队合作能力给出意见,强调培育学生的创新精神、兴趣爱好、不怕挫折的精神和科学素养。该文件强调要把基础教育阶段的实验作为重要课程内容加入学科教学基本规范。教育部也为此制定了中小学实验的必修目录和教学操作指南。中小学针对各学段学生发展特点和教学内容特点安排实验内容,组织好基础实验,并在此基础上发展拓展性实验。除此之外,各级各校各学科也需要考虑更加丰富的实验教学形式,综合运用调查、观察法了解背景,对事物进行观察、观测,开展各类模拟、体验活动,实物设计、编程和制作,以及动植物的饲养种植等,增强实验的趣味性和知识性,提高教学质量和效果,培养学生规范的实验习惯和问题思维等素养。

值得一提的是,文件提出对于因受时空限制,变化太快或太慢的过程、在现实世界中无法观察和控制的事物和现象以及有危险性、破坏性和对环境有危害的实验,建议使用 VR、AR 等技术手段进行呈现。让学生在"看"的同时和对象进行交互,发展探索性的实验过程。此外,鼓励学校以独立或小组合作的方式开展实验探究,向学生开放实验室,方便学生利用课余时间从事实验探究活动,同时,定期举办全国中小学实验教学技能竞赛,激发学生参与实验或综合活动的积极性。

2) 现代化实验室管理系统

管理是指在特定的环境条件下,以人为中心通过计划、组织、指挥、协调、控制及创新等手段,对组织所拥有的人力、物力、财力、信息等资源进行有效的决策、计划、组织、领导、控制,以期高效地达到既定组织目标的过程[18]。在现代化的实验室管理方式中,系统管理,即计算机和人协同管理实验室与实验过程,已经成为十分必要的实验室管理和质量提升手段。特别是在研究院所等高级实验室中实际操作复杂,实验室管理员需要在短时间内准确全面快速地掌握人员情况、实验进度等信息。在传统的实验管理模式下,常常出现重复录入任务、实验情况、检测报告等冗余工作,且数据查询和生成迟缓、不准确。这些常会造成人员和任务分配不合适、不及时的问题。而且实验仪器设备管理也难以准确快速了解维修、校准、查询等操作信息,每个实验室的数据形成了孤岛,难以进行资源共享,造成数据浪费、丢失和重复的严重问题。为了解决人工实验室管理中出现的问题,现代化实验室会结合信息科技建设实验室管理系统。

实验装备管理包括三大要素——实验室流程管理、硬件管理和系统建设管理。首先,实验室的流程管理,指的是对实验室的使用申请、实验过程、事故处理等方面的流程。需要规范实验室人员和权限设置,搭配建立设备使用台账、设备检测、使用方法标准等,保证实验室良好高效健康运行。其次,实验室硬件管理包括对服务器、路由器等在内的网络服务硬件和各种实验仪器设施进行管理,搭建信息通畅,配置稳定并且结构合理的实验环境。最后是体系建设,实验室最重要的管理内容正是教学、仪器与耗材这三个方面。也就是说除了对物理环境的管理,在教学中也要强调实验室安全管理、实验前知识考核等管理措施,保证实验员的安全和规范操作。

现代化实验管理系统中的主要功能及内容如表 2-5 所示。

表2-5 现代化实验管理系统主要功能和内容[19]

功能名称	主　要　内　容
危险化学品管理系统	对危险化学品的监控、使用、归还、废弃物管理；严格审查采购流程、验收库存信息,规范申请领用和出库流程
仪器预约与共享管理平台	对于贵重大型仪器,提供智能门禁、智能电源管理,严格审查使用预约流程,支持信息维护和数据查询,提供信息实时记录功能,实现高效管理
实验室安全教育平台	支持安全通告和实验室安全动态查询和发布,提供实验室安全知识、规章制度、政策法规以及安全资料的实时预览和查看,支持各类安全知识在线学习
实验室安全练习和考试平台	检验实验室安全认知水平,对学生和老师的安全意识进行考核和不断温故,在进入实验室前必须经过考核,获得权限后方可开始实验
实验室智能安防监控系统	设置智能门禁、空气、温湿度以及智能监控等传感器,在虚拟实验室场景中,方便实验员实时监控人员操作、空气质量和设备情况,增强安全系数
实验室安全检查系统	根据流程,支持定期检查安全设施、仪器和各种项目的维护,提供安全整改信息跟进以及安全检查报告输出。记录信息,便于存档和查询

2.5.3　实验教育装备案例

1）教育学实验装备

教育技术学因其学科特殊性,承担着教育学大部分实验室的运营工作,比如微格教学实验室、数字媒体实验室、智慧教室等。

（1）微格教学实验室。微格教学是一种实验手段,过去教师的课堂教学能力更多的是通过意会或较长期的实践摸索才能提升。微格教学可以帮助教师了解、分析课堂教学行为,提升自己的教学技能。这种方式的学习和训练,形式活泼,参与性强,可以边实践、边训练、边研究、边总结,从而促进教师的专业化发展。微格教学实验室在师范生教育中发挥着重大作用,主要用于师范生的教学模拟训练和示范观摩,可同时对一个或多个学生进行课堂教学训练,也可兼做模拟教室,让学生集中观摩教师的教学示范（见图2-7）。

图2-7 多功能微格教室[20]

（2）数字媒体实验室。这种实验室包括各种音视频录制设备，比如摄影机、摄像机，以及辅助录制的三脚架、摄影机稳定器等。部分院校数字媒体实验室装配了特定的录制空间，可以很好地调节光线以及吸收噪声。数字媒体实验室也承担数字剪辑和放映功能，用于音视频编辑教学和制作，在当下帮助开展慕课、微课等课程的录制，在教育现代化进程中发挥着重要作用。

（3）智慧教育实验室。随着信息科技的发展以及智慧教育的需要，很多学校装配了智慧教室以方便数据采集、侦测以及辅助改进教学过程。实验室包括多种智能化设备，比如电子书包、智能白板、动态音视频系统等，主要用于智慧教学模拟训练和示范观摩，帮助师范生熟悉教学真实情境，更好地应对教育信息化2.0时代的变革。

2）虚拟实验教学

随着信息科技的不断进步，出现了越来越多的虚拟实验平台，可有效解决学生学习过程中受到的时间、空间或者物理条件上的制约。

（1）虚拟实验室。如NOBOOK等虚拟的网络实验教育教学平台，使用动画以及人机交互的方式，引导学生使用计算机完成物理、化学、生物等学科的探索和学习（见图2-8）。

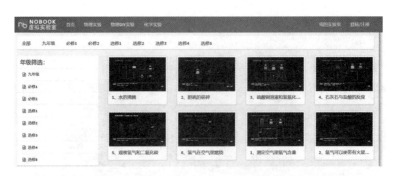

图 2 - 8 NOBOOK 虚拟实验室(化学实验)网页界面

　　利用虚拟实验室,学生在与网络界面的交互操作中,可以根据自己的学段和需要练习的实验门类进行针对性的实验,观察明显的实验现象,学习系统的实验原理,以加深对理论知识的理解。虚拟实验室帮助没有条件开展实验活动的学校获得了认识实验效果的机会,帮助需要备考实验操作的学生强化了实验操作的技能知识和要点。更重要的是,这样的平台用在一些具有危险性的实验,比如需要使用强酸强碱的生物化学实验中,能够很好地规避事故风险。

　　(2) TINKERCAD 虚拟创客实验室[21]。TINKERCAD 是关注中小学生 STEM 教育的开源平台,网站包括 3D 建模、虚拟电子元器件以及虚拟代码编写测试功能。学生在网站中可以学习老师开设的课程,模仿其他人成功的做法,也可以根据自己的经验摸索不同器件组合实现创新和实践。在创作过程中,人们不用担心物理器件的耗损或者故障,没有经济花销也能够实现"实物"创造。与此同时,在 3D 建模板块建好模型的基础上也可以任意添加学习者需要的各种零件或者电子器件,通过千变万化的组合实现创新想法的变现(见图 2 - 9)。

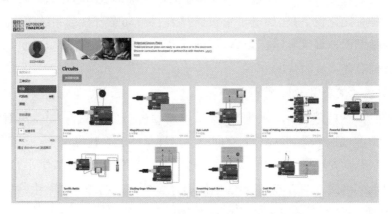

图 2 - 9 TINKERCAD 虚拟创客实验室网页界面

第 **3** 章　教育装备标准

　　标准和政策起到了前瞻和引导的作用,引导着企业研发人员的产品设计,推进和学校的教育装备采购,因此,认识和学习教育装备标准可以让我们对其有更前卫和规范的了解。

　　尽管教育装备具有一定的前瞻性,可以自上而下推广先进的教育装备和理念,而最早的对新装备的探索实则仍然是从一小部分一线教师的真实需求中诞生的,因此在学习本章内容时,不仅要从了解教育装备标准的角度学习,也要高屋建瓴地从先锋探索者的角度思考如何推动教育装备标准的发展。

3.1　标准、教育装备标准及特征

3.1.1　标准

　　标准是对重复性事物和概念所作的统一规定,它以技术和实践经验的结合成果为基础,经有关方面协商一致,由主管机构批准,以特定形式发布,并作为共同遵守的准则和依据。教育标准是教育事业规范化发展的基本要求,也是推动教育向现代化发展的必要工具和手段,能够衡量教育工作质量、发展水平以及竞争力。完整的标准化工作在标准的制定、实施和管理三个方面都应做到充分的规范化发展。我国当下的教育标准体系可以参考《教育部关于完善教育标准化工作的指导意见》,在适用范围下,教育标准可以分为国家标准、行业标准、地方标准、团队标准和企业标准,其关系如图 3-1 所示。可知,教育标准分为强制性和推荐性,行业标准、地方标准、团队及企业标准以及部分国家标准属于推荐性标准。而大部分国家标准为强制性标准,是必须达到的基准。我们通过探究它们的内容性质和关系可以发现,推荐性标准的数量要远远多于强制性标准,国家强制性标准是基础要求,是不可逾越的底线,那么推荐性标准必须高于这一底线,激励尚未达到推荐标准的事物进一步成长。

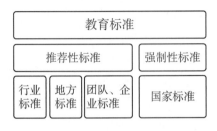

图 3-1 教育标准分类关系

标准根据自身的属性可以分为强制标准、推荐标准、规范、规程和指南,强制标准是在这一体系中最根本的要求,指南相当于建议,帮助人们更好地应用标准。规范、规程和推荐标准中包含的内容有时会高于强制标准,是对相关事物进一步发展提出的要求和愿景。

3.1.2 教育装备标准的内涵

教育装备标准就是国家、行业或地方为了使教育中的人造资源在一定范围内具有最佳秩序而共同或重复使用的规范性文件。在《教育部关于完善教育标准化工作的指导意见》中,强调应完善各级各类学校教育装备配备体系标准以及质量标准体系建设,加强实践、美术、体育等学科设备的配备标准,健全寄宿制学校和特殊教育学校的教育装备标准。同时要求教育信息化标准实现包括在线教育和数字资源、教育信息化设施设备运行维护和技术服务、软件与数据、教师及学术信息化素养等标准的完善。

教育装备标准是教育标准化工作中对于教育装备的行业标准化要求,包括对功能质量做出要求、提出监管标准,保障装备有序发展,提高教育装备产品和服务对教育的适用性[22]。教育装备研究要考虑教育装备的适用性和均衡性也是本书强调的观点。

教育装备需要具有生理和心理适用性、认知适用性、教师与学生适用性、时空适用性,以及文化适用性。生理和心理适用性是人机工程学所研究和规定的适用性,比如教室的灯光过暗或者过于刺眼会带来学生生理上的不适,学生长时间处于不适应环境可能会造成视力损伤。认知适用性要求教育装备的配备要能够和学生所处年龄阶段的认知水平相适应。比如,我们从皮亚杰认知发展水平理论可知,人在幼儿时期处于具体思维发展阶段,抽象思维尚未得到高度发展,因此教育装备应当多以图示或者模型的形式出现,帮助儿童认识世界。教育装备要同时考虑教师适用性与学生适用性要求。例如,一些教学软件只设置了学生学习的途径,却没有给老师设置监测学生学习情况的路径,使教师不能给学生及时的反馈,这就不具备教师适用性。教育装备还应具有时间和空间适用性。教育装备在教学环境中发挥作用,在不同时间和空间会受到一定限制。在空间适用性上,沿海地区的教育装备材质必须采用耐盐碱处理的,否则很容易受到盐碱度和湿度较高的空气侵蚀;时间适用性一方面指教育装备本身有其使用寿命,为了增加使用体验,使用寿命应当不低于某一课时的使用;另一方面则指某一类教育装备在不同时代的使用,比如现阶段要大力发展教育信息化以及智慧教育,录音机、电视机等装备就会被淘汰直至退出教育装备历史舞台。教育装备还要具有文化适用性,尊重不同民族文化差异,应考虑不同文化对于某一事物是否理解,是否需要用当地文化元素做个性化替换等问题。

3.1.3　教育装备标准特征国际比较

要进一步了解我国教育装备标准相关特征,不妨和国外较为成熟的标准环境进行比较。英国是教育装备标准发展相对成熟的国家,以下将中英两国教育装备标准特征进行对比,情况如表 3-1 所示。

表 3-1　中英教育装备标准特征比较

名称	英国	中国	备注
管理体制	● 市场化、集中型 ● 比较简单 ● 没有标准化法	● 统一领导、分级管理、分工负责,结构复杂 ● 有法律体系和规章制度	
标准制定、审批和发布	● 企业主导、政府推动 ● 审批发布为政府授权,社会组织负责(如 BSI)	● 政府主导、企业参与 ● 审批和发布由行政机构全权负责	

（续表）

名称	英国	中国	备注
标准体制	• 单一国家标准（BS），多为自愿性执行，靠市场竞争提高质量	比较复杂，包括国际标准（ISO）、国家标准（GB）、教育行业标准（JY）、地方标准（DB）、企业标准（Q）	我国标准正向简化的方向发展，并开展标准修订的清理评估工作
标准化监督机制	• 标准的执行受市场和社会的监督，教育装备产品合格性需要指定的检验检测机构做准入认证	• 依靠地方行政机构，各地各层次建立教育装备管理中心站，对采购和标准执行情况进行统计、考察和监督，再向上汇总	英国教育装备产品准入认证，除了安全质量、性能质量还包括教学功能质量
标准国际化	• 采用 ISO 标准，并有高的贡献率	• 国家标准对国际标准采用率高，但对 ISO 标准贡献率低	

由表 3-1 比较可以得出，成熟的标准化治理和执行事业不可能单纯依靠政府力量实现，而是需要科学合理的检验检测标准，依靠社会和市场力量同时约束和规范。我国当下在标准制定、执行和监管方面还存在一定的不足，需要专家和标准工作者们进一步努力，研究和制定元标准、教学功能效果检测检验标准[23]，提高我国教育标准的适用性以及国际化能力。

3.2　教育装备标准的发展

3.2.1　教育装备标准发展脉络

在国际上英国等率先开始工业革命的国家在教育装备标准的研制方面也走在前列，美国对教育装备标准的研究也起步较早。1966 年艾奥瓦州公立中学制定的大纲中就包含了校舍、教学仪器、教室等的建设标准，并提供了数字索引[24]。2019 年，美国国家标准学会（ANSI）在其官方网站发布了关于教育装备标准的主题文件[25]，给我国教育装备标准的制定提供了借鉴。

我国教育装备标准的发展历程可以分为四个阶段。

初步发展期(1949—1977 年)。新中国成立之初百废待兴,但党和国家考虑到教育事业的发展,高度重视生产、管理并发展教育仪器设备。现教育部教育装备研究与发展中心在 20 世纪 60 年代成立,最初为我国教育部教学仪器研究室,负责教育装备的理论、政策研究和技术开发以及教育装备标准化工作[26]。这一时期的教育装备由于时代限制只能满足教育基本需求。在这一阶段,教育装备标准大多停留在草案阶段,且在专业性和系统性方面有所欠缺。

快速发展期(1978—2000 年)。改革开放后,我国教育开始大步向现代化发展。1978 年,我国颁布了《小学数学自然教学仪器配备目录》和《中学理科教学仪器配备目录》,这是国内较早的相对现代化的教育装备标准。1988 年囊括力学和热学、光学和原子物理学、电学和磁学、化学、生物学以及小幼教仪器共 6 个分技术委员会的全国教育装备标准化技术委员会成立[27]。次年,国务院颁布《中华人民共和国标准化法》,教育部随后在《关于进一步加强中小学教育技术装备工作的意见》中提出"抓好现代化教育技术装备的规划、配备和管理工作,才能大力提高教育技术手段的现代化水平和教育信息化程度"[28]。这一时期 30 余种中小学各科教学仪器配备目录陆续被编制和重新修订,教育装备行业取得了迅猛发展。管理机构的成立和《中华人民共和国标准化法》的颁布,为教育装备标准的完善提供了科学性和纲领性的指导[29]。

逐步完善期(2001—2011 年)。2002 年教育部发布《教育仪器设备产品一般质量要求》等文件,开始大力推动对教育仪器适应新课程教育理念的基础建设,并强调教育仪器要有培养学生实践能力、科学探索以及创新能力的意义。为了提高标准的适应性和均衡性,教育标准化工作开始重视社会各界的意见,如 2005 年教育部发布了《汽车运用与维修专业仪器设备配备标准》等教育行业标准意见征求稿,面向社会征求意见[30]。2010 年,浙江省构建教育装备供配新模式。这一阶段各省份开始大规模制定省级、市级、校级的教育装备标准,用于指导实际情况下的教育装备建设[31],不断完善我国的教育装备标准体系。与此同时,在国际教育信息化发展和远程教育技术浪潮的大背景下,教育信息化标准也完善起来,为学习资源、学习者关系、学习环境等诸多方面做了全面而科学的规范。

稳步发展期(2012 年至今):2015 年,国务院发布《国家标准化体系建设发展规划(2016—2020年)》，接着教育部在《教育部关于完善教育标准化工作的指导意见》中提出要建立科学的教育标准体系，强调完善教育装备标准的重要意义。2019年，《基础教育装备分类与代码》等22项教育行业标准全文公开[32]，包括基础教育装备分类与代码、学校后勤保障技术标准、教学仪器技术标准等。同年，教育部正式颁布了6个义务教育阶段学科教学装备配备标准，对教育教学标准化、义务教育均衡性和基础教育现代化发展都具有十分重要的意义[33]。在这一时期，形成了比较完善的教育装备标准体系，更加突出了标准的科学性和全面性。

3.2.2 我国教育装备标准的发展特点

1）个性化与标准化有机结合

根据国家发布的教育装备统一标准，各级政府部门立足本省份教育装备发展的实际情况，制定更适合本地的标准。例如，江苏省教育厅颁布的《江苏省中小学体育装备标准》体现了三个个性化和标准化的结合：一是装备标准与分类指导相结合；二是装备标准与江苏省新课程标准相结合；三是必配标准与选配标准相结合[34]。

2）制定标准的主体多元化

2013—2014年，教育部为了完善职业教育、基础教育装备标准的制定，发布了《关于征求对〈数控技术应用专业技术装备标准〉国家标准等九项教育行业标准意见函》和《关于征求对〈中小学数字化校园建设规范〉等四项教育行业标准意见函》。在教育装备标准发展的初期阶段，参与标准制定的主要是政府工作人员和专业人员，但只有使用者才能够更加清楚地了解到怎样的标准更适应实际应用。因此，随着时代的发展，政府逐渐面向社会各界征求对行业标准甚至是国家标准的意见。2019年，教育部正式颁布6个义务教育阶段学科教学装备配备标准，随后便分别邀请这6个学科领域的专家，对这6个标准进行了专业的解读。

3）与时代发展相结合

随着时代的进步，教育装备的发展日新月异，师生对于教育的需求也日益丰富和多样化。教育装备技术标准的制定也要与时代发展相结合，且有一定的超前性，才能更好地指导教育装备的建设。例如，尽管在2019年还没有比较成熟的教学机器人被广泛应用，中国教育装备行业协会就已经正式启动了《中小学教学机器人技术规范》的标准编制工作[35]，以期促进符合教育适应性的教学机器人的发展和升级。

3.2.3　我国教育装备标准发展现状

截至 2021 年，全国教学仪器标准化技术委员会共发布了覆盖 1 900 余种中小学教学仪器的 7 项国家标准和 301 项教育行业标准，以整体提高教学仪器的质量规范要求[36]。此外，教育部高度重视科学教学装备与技术标准化配备，正在进一步完善中小学校教育装备基本标准，加快推进小学科学实验室建设及科学实验器材配备全面达标。

在高等教育层面，2021 年教育部印发《高等学校数字校园建设规范（试行）》[37]，以支撑建设高质量教育体系为目的，鼓励高校在信息化教育中充分利用智能技术的创新，促进校园在基础设施、资源、环境、用户素养以及核心业务方面的数字化转型。该规范的落脚点在于推动信息技术和教育教学深度融合，对学校信息资源建设内容、标准规范、建设方案和技术平台等进行了总体规划设计，强调数据驱动。此外，该规范在用户信息素养、应用服务、网络安全以及保障体系方面体现出体验优先、适度超前等建设原则，指导高校数字校园从整体设计规划、项目运行维护以及评价改进等方面系统地开展建设活动。

2020 年，教育部发布我国普通高中有关场地和器材建设的 8 项标准[38]，体现了国家加强德智体美劳建设，五育并举的态度和决心。以体育教育相关标准为例，教育部发布了《普通高中体育与健康教学器材配备标准（JY/T 0626—2020）》《小篮球场地建设与器材配备规范（JY/T 0627—2020）》《小排球场地建设与器材配备规范（JY/T 0628—2020）》《小足球场地建设与器材配备规范（JY/T 0629—2020）》，这些标准更加关注场地的质量、器材配备的丰富性与开展教学活动的适用性，以保证学生在舒适的场地中开展体育锻炼活动，规范器材的安全性，避免意外的发生。就体育装备技术标准而言，2016 年国家标准委印发《国家标准委关于下达〈中小学合成材料面层运动场地〉国家标准计划的通知》，同时中国教育装备行业协会制定多个有关运动场地、户外教育设施装备安全的标准，以规范学校体育装备质量[39]。同时，我国在教育装备标准制定方面注重中外合作，学习国外更加优秀的标准编订经验，学校体育装备分会与英国 LABOSPORT 运动实验室合作，共同研究制定了《全国青少年校园足球特色学校足球场地设施建设标准》，用于对运动场地冲击吸收、垂直变形、平整度、球滚动及反弹等各项性能的规范，为对高层次高质量的场地进行检测和实验研究提供支持。

在基础教育中，2019 年教育部发布了包括《初中物理教学装备配置标准》在内，涵盖初中化学、地理、生物、数学以及小学数学的 6 个配置标准。这 6 项配置标准针对性地解决了配置内容升级，配置方案方法、装备和教学不适应以及装备使用障碍等问题，对教育装备质量提出环保安全，突出好用、实用、适用、管用的明确要求。该标准与时俱进，新增了包括作为信息载体、信息采集加工处理的数字化设施，模拟学习情境设备等，较上一个时期的装备标准中多了很多微型、信息化、数字化以及集成化的装备。同时，标准也另增了很多对耗材、自备或自制器材的要求，使得管理者对教育装备的管理操作更便捷，依据更加科学合理。

该系列标准提升了对教育装备的质量要求和生产应用标准，特别是明确了对教育装备的教学性能的要求，是我国教育装备标准走向现代化的标志。配置标准还对教育装备以及教育装备使用者提出要求，突出为课程和教育教学改革服务的价值导向。该套标准强化应用指导，为教师实操提供教学建议和明确的应用方案，让教育装备在配置好的基础上尽可能发挥效用。由此可见，现代化教育装备标准正致力于推动课堂教学从传统向现代的高效转变。和此前标准相比，新标准增加了有关教育装备性能、数量以及实践活动建议的描述，更加便于厂商生产符合教育要求的装备，也便于采购者甄别和选择。

《初中物理教学装备配置标准》改变了现行罗列仪器设备目录清单的组织形式，纵向栏目按照学科教学装备功能分为"实验室基础器材"和"主题学习器材"两大类[40]。新标准依据课程标准和复合科学教学的实验器材功用，按照学习主题为线索组织分类，更加合理和结构化地配置学科教学装备，促进以"学"为中心的实验室装备发展。这样的标准也方便管理者、学校和教师更加灵活地从培养学生创新思维能力、核心素养、课标内容以及创新教学方式等方面选择、使用、管理学科教学装备。图 3-2 展示了在新时代学科教育教学要求下教育标准价值观的变化演进趋势。

《初中化学教学装备配置标准（JY/T 0620-2019）》在完善配置要求的基础上，突破单纯规定配置要求的原有模式，基于时代背景更新了教学装备配备、验收等管理要求，提升了教育质量。该标准在优化了装备的技术指标参

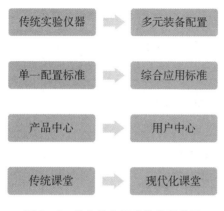

图3-2 教育装备标准价值观发展

数基础上,还更加专业和人性化地附上实验等实践教学的应用建议,即对教育装备的使用也提出了综合性标准[41]。在时代要求下,标准功能更加多样,能够解决的问题也更加多元,也就是说,当下制定的教育装备标准不仅能够提供配置依据,也提供更加综合化的服务。

对于幼儿教育,2016年4月20日,住房和城乡建设部发布了较原设计规范更加细致、标准更加明确的行业标准《托儿所、幼儿园建筑设计规范》,该标准规定了强制性条文,增加了执行与规范的力度。在保障托儿所、幼儿园建筑设计质量的同时,使建筑设计满足安全卫生、经济实用又美观,并具有教学适用性的现代化幼儿园需求。同年住房和城乡建设部与国家发展改革委发布《幼儿园建设标准》[42]。该标准坚持"以幼儿为本",强调新建幼儿园园区布局和设施功能要符合幼儿生理和心理成长规律,配置也要绿色环保,建筑安全性能要提高至具有抵御自然灾害的标准。该标准是我国幼儿园建设科学化、规范化管理的重要依据,也为幼儿园建设项目的审查与监督提供了重要参考。

3.2.4 我国现行教育装备标准

1)现行国家标准

教育中的国家标准更趋向于关注各阶段学生身心发展要求,通过标准化的方式提升校园和教育装备的安全性与人性化程度,比如换气卫生标准、运动场地标准以及教室采光和照明卫生等。

表 3-2　部分国家教育装备标准

标 准 名 称	发布时间
高等职业学校设置标准	2020 - 03 - 15
中小学校教室采光和照明卫生标准	2019 - 12 - 10
中小学校设计规范	2019 - 12 - 10
中小学合成材料面层运动场地	2018 - 09 - 17
中小学校教室换气卫生要求	2017 - 11 - 01
中小学生校服国家标准	2015 - 06 - 30
学校课桌椅功能尺寸标准	2014 - 12 - 05
教学实验用危险固体、液体的使用与保管	2012 - 10 - 12

2) 现行行业标准

教育行业现行标准近三年来得到了丰富与扩展,其充实之处在各学科、各学段、各类型学校均有体现。

表 3-3　部分教育装备行业标准

标 准 名 称	发布单位	发布时间
普通高中体育与健康教学器材配备标准	教育部	2020 - 12 - 18
普通高中美术教学器材配备标准	教育部	2020 - 12 - 18
普通高中音乐教学器材配备标准	教育部	2020 - 12 - 18
义务教育学校美术教室建设与装备规范	教育部	2020 - 12 - 18
义务教育学校音乐教室建设与装备规范	教育部	2020 - 12 - 18
小足球场地建设与器材配备规范	教育部	2020 - 12 - 18
小排球场地建设与器材配备规范	教育部	2020 - 12 - 18
小篮球场地建设与器材配备规范	教育部	2020 - 12 - 18
小学音乐教学器材配备标准	教育部	2020 - 07 - 08
初中音乐教学器材配备标准	教育部	2020 - 07 - 08
小学美术教学器材配备标准	教育部	2020 - 07 - 08
初中美术教学器材配备标准	教育部	2020 - 07 - 08
初中地理教学装备配置标准	教育部	2019 - 06 - 20
初中物理教学装备配置标准	教育部	2019 - 06 - 20

标准名称	发布单位	发布时间
初中化学教学装备配置标准	教育部	2019 - 06 - 20
初中生物教学装备配置标准	教育部	2019 - 06 - 20
初中数学教学装备配置标准	教育部	2019 - 06 - 20
小学数学教学装备配置标准	教育部	2019 - 06 - 20
小学体育器材设施配备标准	教育部	2019 - 07 - 26
初中体育器材设施配备标准	教育部	2019 - 07 - 26
中等职业学校农业机械使用与维护专业仪器设备装备规范	教育部	2018 - 01 - 04
高等职业学校农业装备应用技术专业仪器设备装备规范	教育部	2018 - 01 - 04
中等职业学校现代林业技术专业仪器设备装备规范	教育部	2018 - 01 - 04
高等职业院校林业技术专业仪器设备装备规范	教育部	2018 - 01 - 04
中等职业学校农业与农村用水专业仪器设备装备规范	教育部	2018 - 01 - 04
高等职业学校水利工程专业仪器设备装备规范	教育部	2018 - 01 - 04
中等职业学校粮油储运与检验技术专业仪器设备装备规范	教育部	2018 - 01 - 04
高等职业学校粮油储藏与检测技术专业仪器设备装备规范	教育部	2018 - 01 - 04
中等职业学校茶叶生产与加工技术专业仪器设备装备规范	教育部	2018 - 01 - 04
高等职业学校茶树栽培与茶叶加工专业仪器设备装备规范	教育部	2018 - 01 - 04

3）现行地方标准

为了解我国地方教育装备标准发展现状,本书对我国34个省、直辖市以及自治区(统称省份)的教育厅和教育装备管理处发行的地方教育装备标准进行整理。由表3-4可以了解到大部分地区,如东北三省、西南地区、中部地区多采用国家或教育行业统一的标准。部分地区根据当地教育发展需要制定教育装备相关标准,如江浙沪地区对不同学科和不同学段中的教育装备进行了详细划分,制定了丰富的,易于指导各类教学开展的教育装备标准。此外,如安徽、陕西、重庆、福建等地开展智慧学校教育装备标准的探索性建设,推动智慧教育发展;湖南制定特殊教育装备标准,促进教育公平化发展;四川发布了创客空间标准,上海、吉林等地发布助学培训机构的标准,标志着教育的多样性并在多样的基础上标准化发展。值得一提的是,新疆、青海等地因地制宜,通过建设标准督促农村等教育薄弱地区的信息化、标准化发展,保障教育发展的均衡性。

表 3-4 各地区教育装备标准(截至 2021 年 7 月的近五年数据)

地区教育装备管理部门	地方标准名称	年份
安徽省教育技术装备中心[43]	安徽省中小学智慧图书馆(室)建设指南	2021-01-12
	安徽省普通中小学智慧学校建设指导意见	2018-05-15
	安徽省普通中小学信息化基本标准(修订)	2018-05-15
河北省教育技术装备管理中心[44]	河北省中小学校园网建设规范	2018-03-12
	河北省中小学教学仪器设备基本技术要求(修订)	2018-03-10
	河北省中小学图书馆(室)馆藏基本配备要求(试行)	2016-10-25
上海市教育委员会教育技术装备中心[45]	上海市中小学生文化学科和语言培训机构设置标准	2020-08-25
	上海市自学考试助学机构设置标准	2020-08-25
	上海市3岁以下幼儿托育机构设置标准(试行)	2018-04-28
	上海市属高校建筑规划面积标准	2016-11-04
重庆市教育信息技术与装备中心[46]	重庆市智慧校园建设基本指南(试行)	2021-01-27
陕西省教育技术装备管理中心[47]	陕西省中小学智慧校园建设标准	2021-04-12
	陕西省高等学校智慧校园建设标准	2021-04-12
	西安市中小学智慧校园建设标准	2021-04-12
	陕西省幼儿园基本办园标准	2021-04-12
	陕西省高等学校教育信息化建设标准	2021-04-12
	陕西省中等职业学校信息化建设标准	2021-04-12
内蒙古自治区教育装备网[48]	内蒙古自治区高中理科教学仪器配备标准(试行)	2018-10-22
	内蒙古自治区幼儿园装备配置标准	2018-04-12
	内蒙古自治区小学数学科学教学仪器配备标准	2018-04-12

地区教育装备管理 部门	地方标准名称	年份
	内蒙古自治区普通高中通用技术教学仪器配备标准（试行）	2018 - 04 - 12
新疆维吾尔自治区教育条件装备中心[49]	新疆维吾尔自治区乡镇寄宿制学校和乡村小规模学校基本办学标准	2019 - 07 - 17
青海省教育技术装备中心[50]	青海省幼儿园基本办园标准	2019 - 08 - 23
	青海省全面改善贫困地区义务教育薄弱学校基本办学条件建设标准	2018 - 12 - 26
	青海省全面改善义务教育薄弱学校基本办学条件校舍建设标准	2016 - 12 - 14
	青海省"全面改薄"项目教育信息化标准（修订版）	2015 - 09 - 15
山东省教育技术装备服务中心[51]	山东省中小学（幼儿园）食堂建设与配备规范	2020 - 05 - 13
	山东省普通中小学基本办学条件标准（试行）	2017 - 05 - 08
福建省教育装备管理办公室[52]	福建省校外培训机构设置标准（试行）	2018 - 11 - 24
	福建省中小学智慧校园建设标准	2017 - 09 - 06
	福建省学习型学校创建标准（试行）	2015 - 01 - 19
湖南省教育生产装备处[53]	湖南省义务教育学校办学标准	2016 - 09 - 01
	湖南省中小学实验室管理办法（试行）	2015 - 06 - 09
	湖南省义务教育阶段聋校、盲校、培智学校教学仪器配备目录	2011 - 06 - 03
浙江省教育技术中心[54]	浙江省中小学教育技术装备标准	2020 - 04 - 24
	浙江省幼儿园教育装备规范	2020 - 04 - 24
	浙江省义务教育标准化学校基准标准	2017 - 06 - 27
	浙江省等级中等职业学校标准（2016 年修订版）	2016 - 11 - 16
江苏省教育装备与勤工俭学管理中心[55]	江苏省高级中学通用技术实践室装备标准	2011 - 08 - 04
	江苏省小学《劳动与技术》课程实践室（场所）装备标准	2011 - 08 - 04
	江苏省高中/初中/小学体育装备标准	2011 - 08 - 04
	江苏省高中/初中/小学图书馆装备标准	2011 - 08 - 04
	江苏省小学科学实验室装备标准	2011 - 08 - 04

（续表）

地区教育装备管理部门	地方标准名称	年份
	江苏省高中/初中/小学/幼儿园信息技术装备标准	2011 - 04 - 08
	江苏省高中/初中/小学艺术装备标准	2011 - 04 - 08
	江苏省农村合格幼儿园建设工程保教设备技术规范	2011 - 04 - 08
吉林省教育技术装备处[56]	吉林省校外培训机构设置标准（试行）	2018 - 12 - 06
甘肃省教育装备办公室[57]	甘肃省农村幼儿园基本办园标准（试行）	2021 - 05 - 17
	甘肃省义务教育学校办学标准	2019 - 10 - 22

3.3　教育装备标准研究方法

3.3.1　元标准

随着时代的发展,教育装备一直处于快速更迭之中,作为装备标尺的标准也要不断变化,与时俱进。元标准作为建立各种教育装备标准文件的依据,在教育教学中能够充分起到促进作用,甚至直接用于指导教育装备产品的生产、配备与服务,保障教育装备的产品生产与配备满足相应的学校教育教学适用性[58]。教育装备标准的标准,即教育装备元标准,规范元标准也是我国教育标准化事业的重要内容之一。

教育装备元标准的内容包括对教育装备的使用安全性进行描述,对教育装备教育教学适用性提供测量和评价,以及对科学管理教育装备的安装和退役作出基本要求。

例如《GB/T - 2020 标准化工作导则》[59]就是一种元标准,它规定了标准编写必须参照的规范和格式。随着标准化的演化和进步,作为元标准的标准化工作导则考虑了标准化文件的规范性要素和总体原则,确立了不同类型不同功能标准化文件的核心要素和技术要素,规定了文件的编写格式和表述风格。严谨的规范标准化文件,让文件起草者有则可依,保证了文件的质量和应用效率,更好地推动了教育标准化的发展,推动了国际贸易、技术等的交流与合作。

3.3.2 制定教育标准程序

图3-3表示的是标准的制定流程[60]。制定标准一般先由国家或者组织提出标准化的需求,对应组织或者研究团体申请标准研究项目,经过一定流程项目批准立项后开始研究,这样可以获得更多行业内部数据以及重要参考资料。制定一份教育装备标准要从标准所要规范的对象开始,明确某教育装备系列产物的目录,之后由专家广泛地收集数据、调查论证,了解市场行情,基于教学实践结合教育适应性,定出标准内容的初稿。接着相关部门向社会发布"征求意见稿",得到更加全面和实际应用中产生的需求,补充和完善标准。在制定的过程中需要注意,标准特别是行业标准等应当以对应领域的国家标准和元标准为参考,守住基本要求底线,避免两者之间产生冲突和矛盾。此外教育装备标准在当今时代环境下不应该仅仅是简单的目录和参数,还应该给选择管理方式、教学应用方式提供参考,多元结合,提供综合性的标准化服务。标准制定是一个动态的过程,时代要求永远都是在变化的,标准也要由相应的复审和修订机制保障其适应性。因此我国对标准有一套信息反馈和评估机制,根据评估结果进行复审,至少5年复审一次,再依据结果对该标准实施修订或者废止决议。

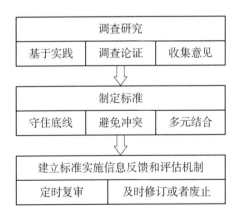

图3-3 标准制定基础流程

3.3.3 教育装备元标准示例

1)《基础教育装备分类与代码》

《基础教育装备分类与代码》是各种教育装备标准代表性标准化文件之一,该标准由三个部分组成——分类规则、代码规则和代码表。作为教育装备标准一是要讲清楚范围,标准规定了适用于基础教育学校使用的教育装备的分类与代码的编制,明确了基础教育学校教育教学及教学辅助装备、行政办公和生活服务装备的分类与代码。二是指出规范性引用文件,相当于元标准的作用,即制定标准的标准。三要讲清楚相关术语和定义,如在本例中定义了教学专用装备、一般教学装备、器材、非教学专用设备、汇总项以及收容项几个方面的专用词语。图 3-4~图 3-7 展示的就是《基础教育装备分类与代码》部分结构。

JY/T 0595—2019

目　次

图 3-4 《基础教育装备分类与代码》目录部分

4.1 分类规则

4.1.1 以 GB/T10113、GB/T14885 为基本分类依据,重点满足基础教育学校基本办学条件和课程标准相关要求。

4.1.2 按照基础教育装备的性质、种类、学科、用途、规格等基本属性（或特征）进行分类。

4.1.3 采用线分类法（又称层级分类法、体系分类法）和面分类法（又称组配分类法）结合的混合分类法。

4.1.4 基础教育装备按 5 级分类,具体为:

　　——第 1 级:门类。按照基础教育装备资产属性分类,共划分为六个门类;

　　——第 2 级:大类。按照基础教育装备装备属性分类,将各门类划分为若干大类;

　　——第 3 级:中类。按照基础教育装备装备使用范畴、功能用途或学科,将各大类划分为若干中类;

　　——第 4 级:小类。按照基础教育装备的具体品种进行分类;

　　——第 5 级:细类。按照基础教育装备品种的规格或属性进行分类。

图 3-5 《基础教育装备分类与代码》分类规则

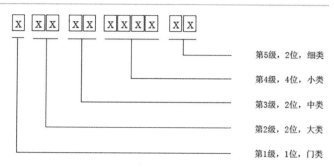

第5级，2位，细类

第4级，4位，小类

第3级，2位，中类

第2级，2位，大类

第1级，1位，门类

图1 代码结构图

示例：

3 03 07 2029 01 表示：——教学专用设备（1级代码3）；

——学科专用仪器设备（2级代码03）；

——物理学科（3级代码07）；

——共振音叉（品种名称，4级代码2029）；

——频率440Hz（规格要求，5级代码01）。

图 3 - 6 《基础教育装备分类与代码》编码规则

JY/T 0595—2019

附 录 A

（规范性附录）

基础教育装备分类代码表

表A.1规定了基础教育装备的分类和代码。

表A.1 基础教育装备分类代码表

分类代码	品种名称	规格、属性	单位	备注
1 00 00 0000 00 房屋附属设施				
1 01 00 0000 00 门				
1 01 01 0000 00	门			
1 01 01 0001 00	普通门		扇	
1 01 01 0002 00	防盗门		扇	
1 01 01 0003 00	伸缩门		扇	
1 01 01 0004 00	自动门		扇	
1 01 01 0005 00	保温门		扇	
1 01 01 0006 00	密闭门		扇	
1 01 01 0007 00	防火门		扇	
1 01 01 9999 00	其他门			
1 02 00 0000 00 门禁系统				
1 02 01 0000 00	门禁系统			
1 02 01 0001 00	单门式门禁系统		套	
1 02 01 0001 01	单门式门禁系统	密码识别	套	

图 3 - 7 《基础教育装备分类与代码》编码表

2)《教育信息化技术标准 CELTS 已发布的标准规范目录》

2000 年左右,国际现代远程教育形成强劲势头,发展教育信息化(当时称远程教育)的需求十分迫切,中国教育信息化技术标准(简称 CELTS)是我国为建设教育现代化强国谋篇布局与推动相应规划落地实施的有力工具。我国于 2001 年成立现代远程教育技术标准化委员会(后改为教育部教育信息化技术标准委员会),创建各项标准,形成了具有中国特色的教育信息化标准体系。教育信息化技术标准是在信息化环境下有关教学资源、学习者、教学环境、教育管理的指导性标准以及本土化和行业化的标准体系。

依据《教育信息化技术标准 CELTS 已发布的标准规范目录》,我国教育装备技术标准划分如表 3-5 所示。

表 3-5　教育装备技术标准分类[61]

类别	子类	内容
教学资源类	元数据类	学习对象元数据、基础教育资源元数据
	课程编列	对教学和学习过程中的行为进行标准化描述,为规范编排和课程设计提供依据
	内容包装	对学习内容组合的数据结构和统一包装进行规定
	测试互操作	问题和测试数据的结构规范,是帮助学习的知识点系统与测试数据库
	教育资源建设	对教学资源开发行为、制作要求以及功能要求的规范,包括评价标准、数据转换标准、系统体系结构等
学习环境类	引用与接口	平台与媒体引用标准、数字版权保护、数字权利描述
	工具/代理通信	虚拟实验标准、自适应学习标准
	学习管理系统	即 LMS 的原则和术语,描述学习者活动、课堂与计算机系统交流信息,保存课堂数据等方面的规范
教育管理类	网络课程评价	描述网络课程的维度、要素、评价方式与评价标准
	教学服务质量管理	对服务管理的质量标准进行描述,规范提升教学服务
	教育管理信息数据代码	是用于高等教育管理信息的通用规范

(续表)

类别	子类	内容
元标准指导类	规范类	系统架构与参照模型、术语、绑定技术指导、本地化指南
	学习者类	学习者模型、学生身份标识、学力定义，以及提供学习者知识能力、兴趣爱好等属性的规范语法和语义；描述学习者能力水平，为系统建设提供依据

3)《教育仪器设备产品一般质量要求》

《教育仪器设备产品一般质量要求》是教育部 2004 年颁布的一套行业标准，该标准相对完整地定义了教育仪器设备，将教育装备简单划分为教学演示仪器，学生实验仪器、模型以及标本；明确了仪器专门的环境实验顺序以及实验方法，包括高温负荷与贮存实验、恒定湿热实验、低温负荷与贮存实验、扫频振动实验、碰撞实验、跌落实验，也对仪器的实验统计进行了明确规定。

此外，该标准还对教学仪器设备产品的结构提出便于展示、便于携带、可靠、科学、稳定等要求；对外观提出比如色彩协调、涂层健康安全、不易让使用者受伤等要求；对于模型和标本提出应当尽可能还原事实，并且秉承安全低毒或无毒的要求。该标准同时对生产合格证、编号等教育装备识别信息作出要求，以帮助使用者识别和区分仪器装备；对包装要求体现出人性化关怀，比如小学低年级用具应当有汉语拼音标注等，甚至对一些运输细节也做出了规范。

3.4　教育装备标准实践应用思考

《义务教育信息科技课程标准（2022 年版）》的信息科技课表特别提到了"人工智能"，可以预见，人工智能教育会越来越得到重视，相关教育装备标准也会逐步完善。

当前，人工智能相关企业纷纷开展了中小学人工智能教育装备的设计和研发，我们可以参考表 3-6，查找资料，寻找当前可供企业研发参考的人工智能教育装备标准有哪些。

表 3-6　查找和列举相关标准

标准编号	标准名称	标准相关规定	标准发布时间

　　根据这些年人工智能学科的发展,中小学需要怎样的人工智能教育装备,相关标准又需要有怎样的调整呢? 请思考现有标准不完备之处,并试着草拟补充相关的标准条款填入表 3-7。

表 3-7　对相关标准的思考

对现有标准的反思		
标准编号	不完备之处	无法约定的实际教学场景

对现有标准的改进	
标准编号	改进项

拟定新的标准	
标准编号	标准的内容

第4章　当代新兴教育装备

随着我国科技的快速发展,各种新兴技术如雨后春笋般不断涌现,为传统行业带来生机。目前中国发展现代化、智能化进入关键时期,为教育装备改革发展带来了新的机遇与挑战。教育装备的发展经历了电器时代和信息时代后,进入一个崭新的阶段——人工智能时代。以人工智能、物联网、虚拟现实技术、大数据、云计算等为代表的新兴信息技术在教育中得到了广泛的应用,对于教育模式、教学方法的改革具有巨大的推进作用。

4.1　人工智能教育装备

人工智能(AI)自 1956 年达特茅斯会议被提出以来,总共经历了三次浪潮,每一次浪潮的袭来都推动着人工智能产业的发展,深刻改变着人工智能的发展路径。第一阶段是以感知机、专家系统等为代表的早期智能,第二阶段以反向传播算法、支持向量机等机器学习技术为代表,这些理论研究为后来的技术实现打下了坚实的基础。如今,我们迎来了新一代人工智能技术,即深度学习与深度神经网络技术。由于在数据、算法、算力和装备制造上都取得了惊人的突破,人工智能技术的行业应用逐渐渗透到方方面面。人工智能赋能教育和人工智能课堂教学将是教育装备的发力点。

随着时代的发展,教育也在不断地发生着变化,比如自 2003 年人工智能课程提出后,相关研究不断增多,人工智能教育装备也在不断地研发和更新迭代中。人工智能教育装备在软硬件上面都有着极大的改变,并且当下的很多软硬件会根据不同的用户提供不同的操作方式。目前人工智能领域的应用主要包括语音识别、机器学习、图像识别、深度学习、神经网络、自然语言处理等。这些领域之间既相互独立，也相互依存。例如深度学习可以用到图像识别，也可以用到语音识别等。目前国内在教育方面研究人工智能的企业有商汤科技、优必选等，这些企业不仅研发了多本教材，还搭建了人工智能平台，方便教师或者学习者访问浏览相关资源。

在软件方面，目前的人工智能教育装备基本能满足不同年龄段学习者的需要，只需根据学生的认知特点选择合适的软件即可。比如3~9岁的学生普遍无法理解抽象的事物，所以很难通过Python或其他编程语言去完成某个任务，处于这个年龄的学生对于视觉所带来的刺激会产生比较大的反馈，喜欢自己动手，对于外界的所有新鲜事物保持好奇，所以可视化的编程软件很适合这一年龄段的学生去学习，如Mind+、mPython等。学习这一类的软件操作不仅可以锻炼学生的逻辑思维能力，还可以提升学生创造意识，强化想象力。而Python等编程语言适合于具有一定抽象逻辑思维能力和一定数学基础的学生去学习，这一类学生能够更快地理解一些抽象的编程语句，也可以通过不断练习提升自己的编程能力，还可以通过编程解决人工智能相关问题，加强对于人工智能的认识和了解。

在硬件方面，人工智能教育装备引发了越来越多的关注。尽管有很多人工智能领域中的应用只用软件就足够强大，我们只需要对一些必要的库文件和软件进行配置和部署即可完成很多工作，但是目前很多技术都在进行融合，有很多学者和专家在研究物联网与人工智能的融合技术，所以学习一些关于人工智能的硬件知识也是有必要的。目前在人工智能硬件方面，比如计算机视觉，OpenMV这一款硬件的使用量最多，在运动捕捉、图像识别等相关领域中也会出现这款硬件装备。同时，根据《普通高中课程方案（2017版）：信息技术课程标准》和《中小学综合实践活动课程指导纲要》，信息技术教育应包含开源机器人体验、物联网体验、开源硬件项目设计等课程，中小学的信息技术教育课程单独依靠电脑是无法完成的，需要多个技术平台提供支持。因此，对教育中的人工智能硬件选择，也需要更多的研究和更明确的标准。

人工智能教育装备有很多，教学管理者可以从人工智能赋能教育的角度考虑，打造智慧校园。一线教师则可以从人工智能课程教学的角度，根据自己学校所开设的人工智能课程，采购相关的软硬件设备，打造一批特色课程。

4.1.1 人工智能赋能教育

当前课堂教学中,可能会出现种种非教学的问题,牵制教师正常授课。比如黑板反光、教师遮挡板书等,这些问题通过人工智能可以很方便地解决,由此催生出一系列的教育装备解决方案。

1) 作业批改

我国早在21世纪之初就开始利用涂卡式答题纸等批改中高考试卷,但涂卡式答题纸的批改仅限于对黑色字迹的识别和对对应答题框内的答案拍照,只能用于客观题,主观题仍然需要老师手动批改。当下中国有超过6万所学校已经利用人工智能批改学生作业,实现对作业的提取识别,判断正误并根据不同维度的指标进行打分。当下人工智能作业批改主要使用OCR技术,该技术具有对指定位置的文本进行识别、判断的能力。人工智能作业批改可以分为三步,第一,将作业或试卷信息转化为图片,对对应栏目中的学生信息、题目以及答题区进行分割;第二,匹配学生信息,在对应分区中摘取学生信息,和学生系统中的信息进行比对,保证学生身份的准确;第三,将提取出的题目和答案根据判断指标进行评判,给出分数。

作业和试题形式丰富的话,作业批改人工智能的具体技术也不相同。对于选择题、填空题的判断相对简单,数学证明题、简答题则需要找到关键过程信息,而对于文科简答题和作文的批改来说则需要文本识别、情感识别等技术。事实上,作业批改人工智能需要在实践中接受训练和不断学习,才能面对复杂的答题情况。对于学生来说,人工智能作业批改当下仍是从纸质到图片再到计算机识别的过程,因此对书面作答的整洁度也提出了更高的要求。

2) 智慧情感教育装备

随着社会竞争压力的增加,焦虑和抑郁成了影响学生心理健康的重大问题。尽管青少年焦虑和抑郁问题近年来引起了社会广泛的关注,仍有家长和老师不以为意,忽视学生心理健康发展,甚至造成难以逆转的后果。学校开展心理健康咨询一定程度上有助于减少这类情况的发生,但是难以对大部分学生进行筛查和防范,有心理问题的学生也多数难以自己意识到问题并积极主动寻求帮助。情感识别人工智能可以用于学生心理健康检查,帮助老师了解学生群体的心理健康状态。

除此之外,情感类的人工智能可以通过语音交互,与来访者进行交流,减少学生与心理咨询师交流的恐惧感,帮助来访者更好地敞开心扉,暴露问题和心理障碍。了解问题后,咨询师再进行针对性干预,提高心理帮助的效率,守护学生心灵健康发展。

3)智慧白板

粉笔+板擦的绝妙搭配一直是班级授课的主要教育装备形式,而智慧白板这一新兴教育装备的引入无疑减少了教学过程中的非教学干扰。早期的智慧白板依赖特定品牌的平板电脑使用,以此来同步学生手上的平板内容和讲台上的白板显示内容。而新式的智慧白板,可以以无线热点的形式,兼容各大品牌的系统,无论是安卓、苹果还是微软的系统,都可以联系在一起,还可以同步 PPT、教师笔记、小组讨论和作业等。

智慧白板搭配的提问点名、语音交互等功能集成了各学科的主要学习工具,师生可以方便地调用。

从教学管理者角度来看,智慧白板的数据中台可以将各班级的使用率进行汇总分析,也可以根据学生的个人情况进行精准分析,发挥数据智能的作用。

4.1.2　人工智能课程教学

各个国家的教育政策,都把人工智能视为教学的一个重要组成部分。当前,生活中越来越多的产品使用了人工智能的技术,未来的公民也有必要了解和掌握人工智能相关的知识。尽管这一方面仍处在研发的初级阶段,但我们看到越来越多的教育装备已经出现在大众视野中。

1)百度 AI 开放平台

百度 AI 开放平台上有诸多的 API 可供学习者部署和使用,该平台由开放能力、开发平台、文心大模型、行业应用、客户案例、生态合作、AI 市场、开发与教学这八部分组成,让用户快速地了解自己需求的同时,也给出了如何完成的相关功能。开发平台有完整的使用教程、模型库、应用案例等,其中的教程为用户提供了一个学习通道,解决用户开发过程中一些技术问题。用户可以根据自身的开发能力以及开发需求选择需要的人工智能功能,相关案例可以让用户了解与自己有相同开发需求的人应用了哪些人工智能领域的技术,为用户提供一份可靠的参考。并且在国内部分教材中,人工智能部分是以百度 AI 开放平台中案例使用方法而展开教学的,让学生用最少的软硬件成本,完成一些 AI 实验,学生既能够亲身感受到人工智能所带来的巨大冲击,还能够联系实际学习一些相关知识。

2）百度飞桨平台

百度飞桨平台是一款产业级人工智能深度学习平台，英文名为PaddlePaddle，简称为PP飞桨。该平台将高精尖的人工智能API封装为一个个组件，用户实现某个功能时就像是搭积木一样，将多个API拼接到一个项目文件中，就可以简单高效地完成用户的需求。目前很多中小学及高校中的人工智能课程以PP飞桨平台展开教学，或者一部分高校以该平台中的API作为工具，完成自己的项目，比如清华大学研发的AI识虫，识别准确率达到90%。PP飞桨平台是以Python为基础而研发的，所以可通过PP飞桨训练自己的模型，完成机器学习方面的深度学习实验。PP飞桨官网中有诸多的赛事，比如清华大学、华为、谷歌等企业举办相关人工智能比赛，或者百度自发组织相关赛事，吸引高校人才投入相关的开发和研究。作为资深的人工智能开发平台，提供了多个人工智能相关领域的课程，使得学习者既能够了解到相关人工智能功能的实现方式，又可以了解到相关功能实现的原理。目前国内多个产业及领域内都出现了PP飞桨的身影，影响着国内人工智能的发展路径。

3）人工智能代码库文件

目前在人工智能领域内应用最多的编程语言之一为Python，有很多国内外的学者和研发人员开发了多个人工智能库用于人工智能相关功能的实现，如Pandas、TensorFlow以及NumPy库文件等。机器学习主要用到Pandas和NumPy库文件，这两个库文件主要用于数据的处理、挖掘及预测，有时也用于相关的模型评测。TensorFlow为神经网络中经常用到的Python库文件。用户使用时只需要调用这些库文件就可以。

神经网络主要是仿照人脑的神经体系运作的，目前TensorFlow已经推出2.0版本，改良了1.0版本中的诸多问题，使得神经网络的运算机制更加完善，但是由于TensorFlow发布的时间不是很久，目前很多的神经网络是依据1.0版本所开发的，如GitHub开源代码库及CSDN社区等都是基于1.0版本实现的神经网络的架构，用户从该类平台下载相关源码后需要对相关的API进行修改和替换。在2.0版本中实现神经网络方式的架构，主要会用到TensorFlow和Kears库文件。目前主流的神经网络有卷积神经网络（CNN）、循环神经网络（RNN）以及对抗神经网络（GAN）等，用户可以根据自已的需求使用相关神经网络。

4）案例——基于百度 AI 开放平台的语音识别

语音识别可以有很多的解决方案，比如自己训练模型进行识别、调用本地 API 进行识别、使用开放平台的网络 API 进行识别等。由于语音识别是一个通用的人工智能任务，本着没必要重复造轮子的思路，这里选择基于百度 AI 开放平台的网络 API 实现语音识别。当然，如果要实现方言的识别，可能就需要自己训练模型了。

（1）语音识别原理。语音识别的原理十分简单（见图 4-1），将输入的音频进行编码，提取出相关特征值，然后进行解码，解码的过程是通过预先训练的模型进行的，最后输出文字。

图 4-1 语音识别流程

目前训练语音识别的模型基本会用到深度神经网络（DNN），通过多层处理，用最少的参数实现复杂的运算。模型的训练过程分为两种，一种是监督学习，另一种是非监督学习，两种学习模式各有特点。监督学习在训练时需要足够的样本，但是实际投入时训练难以进行，非监督学习是一种自学习模式，通过不断地调整参数值来训练模型，但是这种训练极耗时间，并且由于非监督学习过程中数据的来源没有进行良好的处理，会出现严重欠拟合的问题。

语音识别有一个评价指标，用来判断语音的辨识度，该指标被称为识别率，就是词错误率（WER）。

在语音识别当中，研究人员致力于构建模型训练库，以提升识别率；在使用层面，研究人员着力打造语音识别的唤醒机制。目前主流的唤醒有两种，第一种为触控方式，用户按下某个启动按钮或者在触控屏上启动语音识别，第二种为语音唤醒模式，用户给出唤醒词，语音识别设备对唤醒词进行编码和解码，最后判定是否被唤醒。在唤醒机制中也有评判指标——唤醒率及误唤醒率。其中唤醒率指的是语音识别设备成功被唤醒的概率；误唤醒率指的语音识别设备在没被唤醒的状态下，对于某些语句错误解读而被唤醒的概率。主流的语音识别设备都带有良好的保护机制，以确保其只能被该设备的所有者唤醒。

（2）语音识别源码。百度 AI 开放平台中用到的音频文件为 16 000 赫兹单声道格式，此类文件可以在 Adobe Audition 及其他音频处理软件中进行格式处理，或者从百度 AI 开放平台中下载示例音频文件。本案例使用的音频文件来自百度 AI 平台，内容为"北京科技馆"，主要讲解语音识别的核心原理，想进一步了解这方面内容的读者可自行浏览百度 AI 平台中的相关文档。

语音识别案例源码及其解释如下。

```
from aip import AipSpeech
```

以上这句代码是导入库。在实现语音识别之前，首先需要安装库文件 baidu-aip，具体安装步骤可查询相关网页，之后在实现平台中导入库文件。

```
APP_ID="    "
API_KEY="    "
SECRET_KEY="    "
```

以上填写的是用户信息。在百度 AI 开放平台中申请语音识别功能 API，即可获得 AppID、API Key 及 Secret Key。

```
def get_file_content(filePath):
    with open(filePath, 'rb') as fp:
        return fp.read()
```

以上函数实现的是导入并打开指定路径下的音频文件。

```
def audio2Text(audio_path, text_save_path="result.txt"):
    client = AipSpeech(APP_ID, API_KEY, SECRET_KEY)

    # 识别本地文件
    try:
        print("正在转换中，请等待...")
        res = client.asr(get_file_content(audio_path), 'wav', 16000, {
            'dev_pid': 1537,
        })
        print("转换完成：")
        print(res)
    except Exception as e:
        print("出错了！")
        print(e)

if __name__ == "__main__":
    audio2Text("16k.wav")
```

前面这段代码设计的函数是将音频数据识别为文本数据。对于导入音频进行处理,其中 res 中的处理是实现语音识别的核心,'wav'是音频格式,16 000 是音频的频率,'dev_pid':1537 则说明音频文件为中文,若想测试其他语言的音频文件,可在官网中查询相关的代号进行更改。

```
if __name__ == "__main__":
    audio2Text("16k.wav")
```

上面这段代码定义了这段程序的主程序,功能是识别指定文件"16k.wav"的音频。

最终的语音识别实现效果如图 4-2 所示,运行"yuyin.py"文件后,返回识别结果为"北京科技馆",并给出了一些其他相关信息。

```
E:\pycharmProject\yuyinshibie1\Scripts\python.exe E:/现学/论文/人工智能程序/语音识别/yuyinshibie1/yuyin.py
正在转换中,请等待...
转换完成,
{'corpus_no': '6950987715151658767', 'err_msg': 'success.', 'err_no': 0, 'result': ['北京科技馆,'], 'sn': '6658062476161838431'}

Process finished with exit code 0
```

图 4-2 语音识别实现效果

4.2 VR, AR 与 MR

4.2.1 虚拟现实教育装备(VR)

1)虚拟现实技术概述

虚拟现实(VR)技术(早期译为灵境技术[62])是 20 世纪 80 年代由美国人拉尼尔提出的,指的是一种由计算机生成的高技术模拟系统,集成了计算机软硬件技术、计算机图形技术、计算机仿真技术、人工智能技术、传感技术等的最新发展成果[63]。虚拟现实技术涵盖范围十分广阔,虚拟现实系统可以视为一种以计算机技术为核心,以综合信息为基础的系统性环境。在该技术的支持下,人们可以在特定范围内创造出逼真的虚拟环境,由于这项技术的优越性,目前被广泛地应用到医药、军事、教育等多个领域。

虚拟现实技术具有四个主要特征:适应性、启发性、感受性与真实感[64]。这些特征使它在运用时具有较强的沉浸性与交互性。虚拟现实技术构建的虚拟世界,充分融合现实世界的特点,丰富的场景与视觉角度,配合自然的光影与声画效果,带给用户与现实世界一般无二的感受。这种环境构建的真实感为该技术赋予了沉浸性。虚拟场景的构建正是根据人们的意愿所创造出来的,用户通过对真实环境进行复制,或者构建自己想象中的环境,在该环境中进行体验、探索与研究,充分发挥主观能动性,拓宽了多维认知能力。在虚拟环境中,用户可以与虚拟环境中的事物互动,从中获得主观感受。例如,拿起虚拟世界的事物,抓取物体并感受重量,交互性让虚拟现实技术进一步得到推崇。

2)相关教育装备发展现状

目前虚拟现实技术主要应用于远程教育,随着教育行业的不断发展,教学越来越不局限于狭小的课堂。远程教育不断发展,随之而来的也是更多更纷繁的问题,其中实验场地与实验环境需求问题最为突出,虚拟现实技术很大程度上缓解了远程教育中实验环境的问题,通过该技术发挥自主性创建场景,可以让学生获得更好的真实感与沉浸性。

(1)虚拟校园,即在校园实景的基础上构建一个具有沉浸感和交互性的虚拟校园场景。它不仅可以为本校学生提供便利,也可为外界观赏校园景观,了解校园文化提供一个窗口。虚拟现实技术对于虚拟学校的建设与发展具有十分重要的意义。人们运用先进技术,结合相关软件,如 3ds Max,Unity 3D 等,创建优化虚拟校园场景,通过编程语言实现人机交互,从而完成虚拟校园的开发与建设工作。

(2)虚拟漫游,即在虚拟世界的基础上设计的具有人机交互性的虚拟世界漫游系统。数字化校园的概念深入人心,研究虚拟现实技术也就是研究未来高校发展的方向,运用先进技术设计出具有交互功能的虚拟校园漫游系统。

(3)虚拟实验环境,如创建虚拟实验室。它的优点:减少昂贵实验装置与设备购买、维护、管理带来的经济负担;实验材料反复使用,降低了实验潜在的危险性,解决了大多数学校存在的实验设备稀缺、型号落后、实验材料不足、教学经费不足、场地限制、安全防范措施难以实行等问题,让学生们实践的机会大大增加,并且获得与真实一样的感受。比如在生物监测模型、毒性监测详情等应用中,虚拟试验近似于真实生活却又区别于真实生活,经历危险的刺激却不受实质性伤害,以更低的成本拓宽了人们的视野。

(4)虚拟技能训练。对于许多与实操技能学习密切相关的教育领域来说,实验场地的选择与实验条件的满足都是教学中的一大难题。例如航空航天专业的飞机驾驶、医学专业的外科手术,这类学习活动的失败风险非常高,且失败后果非常严重,不能轻易进行教学实践。虚拟现实中的模拟体验为学习者提供了技能实操训练的机会,实验启动的要求不再苛刻,学习者可以反复进行训练,而不会受到现实世界中严重失败后果的影响。

目前,虚拟现实技术刚开始开发,仅仅涉及人的肌肉系统与计算机结合方面的问题,还未涉及“人的大脑是如何存储加工处理其在实践中得到的感觉信息并使之成为人对客观世界的认识”这一重要过程。由于该技术目前的发展时间还不是很长,不可避免地会存在着许多尚未解决的理论实践与应用问题。虚拟现实技术在逐步发展中会变成帮助人们获取新概念与深化概念的有力工具,以及思维和创造的助手。可以说,其在教育装备方面的应用前景一片光明。

4.2.2 增强现实教育装备(AR)

1)增强现实技术概述

增强现实(AR)技术,是一种实时地计算摄影机影像的位置及角度并加上相应图像、视频、3D 模型的技术[65]。这种技术主要通过屏幕把虚拟的信息加载到现实中,和现实环境产生互动。在很多情况下,虚拟现实技术没有办法很好地还原现实环境,比如建筑等。在增强现实的作用下,以真实环境为背景,可以补充并且叠加虚拟数据信息,扩展人的感官体验,让人了解到更为数据化的真实环境,或者对虚拟的信息理解更加深刻。

增强现实技术的概念已经提出数十年,但直到最近,随着移动设备功能与性能的不断提升以及相关技术的不断成熟,才逐渐为大众所知,逐渐与生活的各个领域结合。

2)增强现实技术教育装备发展现状

AR 具有很好的教育特性,其中最为显著的就是兴趣性、智能性与自主性。①兴趣性:对于长期接受传统教育的学生来说,AR 更像是一种学习、游戏与娱乐的结合,帮助他们跨越障碍,克服倦怠,并且加深体验感,完成"头脑风暴"。②智能性:AR从某种程度上来说,也是一种人机接口和仿真工具,为学习者提供智能的引导,充分调动大数据、云计算等服务,将服务、大数据分析与计算机推送工作前置,协助学习者走出认知的误区,借助计算机的力量提高学习效率,找出一条正确的学习之路。③自主性:现在的AR技术不再需要去被动适应计算机,学习媒介更丰富,学习通道更宽阔,学习者可以有更多办法同计算机交流。因此,这一技术在教育装备上得到广泛应用也就不出意料了。

目前增强现实技术在教育领域已经在不断地进行探索应用。如在美术教学中加入AR技术,可以让小朋友自己布置身边的小屋。在语言教学方面,AR卡片作为一款辅助儿童学习字母的增强现实应用,可以帮助儿童在娱乐中学习文化基本功的同时,融入相应的文化知识,从而更好地学习。在学科教学方面,AR技术已经应用于化学、物理、医学等教育领域。AR技术在图书馆领域的应用包括增强现实电子书和数字图书馆等。此外,增强现实技术在帮助学生锻炼技能、提升本领、增强实践能力等方面也做出了巨大的贡献,促进了学生实操能力的提升。如西班牙某公司已实现学生无需纸张,就可练习加减法,学习算术。国外还有一个AR应用叫做"宇宙大爆炸传奇"(Big Bang Legends),学生在应用中发射射线来捕捉夸克,然后把夸克集合为质子,用以形成不同物质的原子,在游戏中学习粒子物理知识。地理教学,以AR技术增强现实沙盘,投影仪会根据检测到的物体高度将等高线和高度图投射到上面,当学生把手掌放到山顶上时,虚拟的雨水便会倾盆而下,雨水穿过山谷,形成溪流。学生可以根据个人兴趣创造各种地理形状,直观地学习地理知识。

目前教学课堂中应用最多的媒体技术主要是PPT、电子白板等,缺少真实感与交互性,与外部环境融合度较差,增强现实技术的可视性、多样性、互动性、浸润性等特征,能在教育的实践中发挥独特的价值。新媒体联盟,又称NMC,是教育领域的权威组织,其每年发布的地平线报告为教育者们介绍对教育行业的变革可能做出巨大贡献的新技术。近年的报告指出,在不远的未来,增强现实技术不再是辅助传统教学的工具,而会与其他技术一起形成深层次互动的创新型教学模式,提高教学质量。

4.2.3　混合现实教育装备(MR)

1) 混合现实技术概述

混合现实(MR)技术在虚拟现实技术与增强现实技术的基础上深度融合了现实与虚拟,使其结合成有机的统一体。在用户对现实世界正常感知的基础上构建虚拟与现实对象共存的可视化环境,利用计算机传感技术与可视化穿戴设备等,实现数字与现实世界对象共存的可视化环境,达到虚拟世界与现实世界实时与深度的互动[66]。

2) 混合现实技术教育装备发展现状

MR 技术集合了虚拟现实技术与增强现实技术,更进一步地将现实世界与虚拟世界无缝融合,产生全新的环境,实现了数字(虚拟)对象与物理(现实)对象共存并实时自然交互。将该技术与学科知识深度融合,传统教学资源的形式将会得到巨大的颠覆,学生能获得更真实的感觉与体验,有效改善目前的教学形态和学习方式。因此,MR 技术在教育领域的融合发展将是教育发展的一大必然趋势。

MR 具有以下的特征。①虚实融合:可以将虚拟对象在显示设备的辅助下添加到现实生活中,也可以将真实物体添加到虚拟世界中。在教育中可以帮助学习者体验到以往的课堂所无法提供的真实情境,提供更逼真的用户体验。②实时交互:一是人与 MR 场景的交互,二是 MR 环境下人与人的交互。学习者通过感觉与混合现实环境发生联系,在虚拟与现实的共同环境中形成多种感官的感知,由智能系统提供反馈与交互。③三维注册与异时空融合:虚拟空间与现实空间之间存在三维方位的映射关系。MR 可以实现异时空场景共存,给人更加身临其境的感觉。根据该技术的此项优势,可以进一步发展远程指导学习,在线协作学习等。

混合现实在教育中的具体应用如下。

(1) 在 STEM 教育中的应用。现在 STEM 教育迅猛发展,然而,始终又面临着课程资源匮乏、师资力量不足、危险系数大、教育经费紧张等,将 MR 技术应用于 STEM 教育的作用机制可以有效解决这些问题。

(2) 在教育游戏中的应用。随着教育理念的进步,人们越来越关注教学与娱乐相结合。新技术不仅可以用来满足人们精神娱乐生活的需要,近些年来也被运用于教育领域中,如严肃游戏以及急救知识与安全教育游戏等。微软在其宣传片中展示了基于混合现实的产品 Hololens 的教育应用,其中就包括与化学、数学、物理等课程相结合的案例。在远程指导和在线虚拟课堂中,MR 技术可使异时空对象共存的教育特性打破时空限制,将不同地区学习者的虚拟形象连接到同一个在线虚拟课堂环境中。在特定领域技能培训中,有些训练,危险系数高、资源浪费、原材料花销太大或者需要某些特定的场景。在这种情况下,MR 能够提供的真实高效的操作机会与虚拟实验让该技术脱颖而出,在医疗、工业、航天、军事等特殊领域的专业技能训练中发挥重要作用。

目前,MR 由于其虚实融合、深度互动等对于教育行业大有帮助的优势教育特性,已经在学科课堂教学、远程指导和在线虚拟课堂、非物质文化遗产教育和特定领域技能培训等方面逐步扩大自己的应用空间,具有十分巨大的潜力。未来,混合现实将与远程教育、STEM 教育、游戏化学习、真实学习、协作学习等结合,为改善学习方式,提升教学质量,促进教育公平提供技术加持。

4.3 创客、STEM 教育装备

4.3.1 创客及相关教育装备的发展

创客教育起源于美国麻省理工学院的一个创新项目,也是基于此项目,创客教育进入了大众的视野。创客教育可以用两种方式来描述。一是为了培养创客人才而开展的教育,二是为了传授创客知识而开展的教育[67]。那么创客教育到底是什么呢? 创客教育就是使用数字化工具、创客理念作为脚手架,以培养学生跨学科解决问题的能力为核心,加强培养学生团队合作能力的教育。

从形态来说,组成创客教育装备的物品可分为三类:第一类是机器设备,用于手工实践的扳手、锯子等工具,或者是树莓派等微型电脑,又或是木工机床、金属轧机、3D 打印、激光雕刻机等大型设备,用于制作最后的成品;第二类是软件、开发平台以及所用到的程序设计语言,目前在创客教育中,以Arduino IDE 开发平台为主,有一些创客教育实验室会用到 App Inventor 软件,一般在创客教育中使用的编程语言有 Python、Java 等;第三类是完成软件效果的套件组,硬件套件的设计是使自己的设想成为现实的最重要一步,在创客教育中套件组主要是 Arduino 主板扩展板,它配套了多个可用于创客教育使用的传感器和扩展板模块。

在具体使用时,除了部分情况下仅用其中一类设备完成创意制作,大多数的创客教育采用了软硬件结合的形式,使用软件设计、制作,通过硬件完成设想。开源软件与开源硬件的发展,为学生将自己的思想变为现实打下了坚实的基础,软件的开发和发展,使学生们拥有更多的资源来完成相关创客活动。

从实际使用的角度来说,现今投入使用的创客教育装备大概有以下几种:基于 Arduino 的开发,主要是以 Arduino 图形化编程软件、ArduBlock/Arduino IDE 等开发平台为主;3D 打印,包括建模软件(Auto Desk 123D、Sketch Up) + 3D 打印机;搭积木式设计工具,如 Scratch、乐高积木 Makerblock 等;软件程序开发,如 App Inventor 等软件;机器操作,如使用数控机床等。

2010 年创客运动在国内迅速发展起来,随后创客教育论坛、中美青年创客大赛也陆续开始举办。浙江省温州中学很早就创建了"创客空间",温州中学的谢作如老师指出,中小学建设创客空间有三个基础的特点,场所要大、工具要全以及开放时间要长。由此可看,创客教育的理念在我国不是突然出现的,已经在我国存在很久了[68]。

目前来说,创客教育装备还在普及的阶段。随着创客概念与创客运动的发展,社会各界对于创客活动的热情高涨,高校与中小学校的创客教育也在逐步发展,各学校纷纷开辟创客空间,引进基础的创客教育装备,大力开展创客教育。

创客教育装备的内容在逐步扩大。创客教育初期就以机器人作为研究主体,结合 3D 打印技术、Scratch 以及机器人作为展开创客教育的工具。2016 年创客教育装备又发生了巨大的改变,虚拟技术、无人机以及互联网这三大技术改变了创客教育装备的核心地位,有很多的优质课程和装备基于这些新型技术而展开。

近年,创客教育装备的安全性受到了学者和采购者的重视。创客教育的对象大多是孩子,他们处于成长期,对事物充满好奇,因此创客教育装备要保证材料的安全,对孩子无害,以及机器设备的安全系数,防止意外发生。

创客教育的发展有三大特点,分别是"做中学"、基于项目学习、体验式学习。"做中学"理念是由教育家杜威所提出来的,他强调学生要投入学习当中,自己去体验,参与到活动当中;学生要自己学习,完成相关设计,制作原型,作报告等环节。基于项目学习起源于认知主义理念。其认为教师应改变以往的身份,作为指导者参与学生的学习当中,教师提出要求和项目背景,学生分组去解决问题,最后由学生共同完成一个设计或者一份完整的报告,由教师和所有学生进行评估。体验式学习注重的是学习的过程,整个过程由学生去体验,体验后由学生进行思考,由此推动创新思维的发展。

创客教育是一个新兴的名词,却以极快的速度席卷了教育界。客观来说,有利于培养学生实践能力和思维能力的协调,培育"尚技重工"的文化,对于孩子的全面发展是有益的。创客教育的发展动力主要是由日益增长的创客教育的需求而提供的,核心目标就是培养学生的动手能力。作为一个新兴领域下的基础装备,创客教育装备能够依附创客教育的推行持续发展,具有良好的发展趋势、前景和强大的发展潜力。

4.3.2 STEM 及相关教育装备应用

1) STEM 教育及其发展

2015 年教育部首次发布《关于"十三五"期间全面深入推进教育信息化工作的指导意见》,提出要深入探索 STEM 教育,创客教育等新教育模式。紧接着 2016 年 9 月份教育部印发了《教育信息化"十三五"规划》,提出要积极探索信息技术在 STEM 教育中的应用,促进学生的全面发展,发挥信息化面向未来培养高素质人才的支撑引领作用。为了推动 STEM 教育的开展,国际社会对 STEM 教育研究的关注也不断升级。我国的 STEM 教育逐渐被教育行政部门所重视。教育工作者推进我国 STEM 教育的发展,为建设创新型国家、提升国家未来竞争力发挥着积极的作用。相关教育部门明确提出倡导跨学科学习方式,STEM 教育是一种以项目学习、问题解决为导向的课程组织方式,将科学、技术、工程、数学有机融为一体,有利于培养学生的创新能力。

STEM 教育在各国受到普遍重视,我们结合 STEM 教育的特征以及国内外的实施情况,发现目前我国的 STEM 教育实践在课程的设计中有着课程和社会活动脱节的问题,课程的实施以及师资等方面存在教师兼职比例大、装备资源不足、教育装备利用不充分等问题。因此在教学资源方面,STEM 教育应重视科学的课程体系的开发,重视课内外实践活动,同时加强评价体系的研究,以评促学,提高综合实践活动的地位,发挥真实提高学生核心素养的作用,在课程项目训练中培养学生的跨学科学习能力,在工程设计过程中培养解决复杂问题的思维习惯以及包括批判思维、创新思维、系统思维和合作能力在内的高阶能力。

2) STEM 教育及教育案例

STEM 教育活动大部分不需要专业的教育装备,其项目大多来自生活,要解决的问题也来自生活,最后的应用将返回生活情境中去。在日常教学中,STEM 教育鼓励老师创新性地开发和使用生活中常见的产品开展教学,以下将介绍一些使用常见材料开展有关数学、工程等活动的STEM 案例。

在设计 STEM 课程前需要了解一下有关活动的主要内容。STEM 教育分为四大领域:科学、技术、工程、数学等。学生通过活动会发现这四大领域的共通互用之处,帮助其建构自己的经验和技能。

案例:帆船跑得快

(1)学习者分析。

本节课对象为小学三至六年级学生。

起点水平——学生对于"帆船"有一定的了解,对帆船的基本形状和构成有所了解,但对各个组成部分的功能、原理没有深入的学习。

学习风格——小学生一般自律性不强,好动,上课爱说话,比较活跃。对他们来说,更喜欢实践操作的课程形式,因此可以在课程中留给学生更多的动手操作时间。

学习动机——小学三至六年级的学生基本还处于被动学习的状态,主动学习意识不强,但学生在实践操作类的课程中积极性比较高。

（2）教学目标。

知识与技能——在科学层面理解帆船行进的原理，理解影响帆船行进速度的因素，掌握帆船的基本组成部分；

过程与方法——在技术方面通过小组协作完成帆船各部件的组建与拼接；在工程与数学方面运用工程设计的方法完成帆船的制作与优化，掌握工程设计过程方法；

情感、态度与价值观——激发学生对航海事业的兴趣与热爱，培养学生的协作意识。

（3）教学内容。

本课分为三课时，第一课时介绍船舶知识，包括船体和船内部的结构，船的动力演变以及帆船航行原理，为学生提供任务背景，请学生开展设计与准备工作；第二课时为正式的设计环节，让学生根据自己的想法进行建模、测试和评估，并不断迭代，重新设计重新测试；第三课时让学生通过汇报的方式展示自己的帆船，开展帆船竞赛，看哪个小组设计的船跑得又快又好。

（4）教学过程。

第一课时——新知学习（见表4-1）。

表4-1　第一课时教学设计

教学环节	教师活动	学生活动	设计意图
导入	【创设情境】想象自己是哥伦布时期的探险家，利用帆船遨游世界，促进经济交流发展，为提高航行效率降低成本，你必须想办法提高帆船的速度和安全性 【提出任务】请根据情境设计一艘跑得又快又好的帆船	分组聆听思考	通过创设真实情境，吸引学生注意，激发学生学习兴趣；通过任务引发学生思考

教学环节	教师活动	学生活动	设计意图
新知	【船舶知识】 (1) 船的组成:船体结构、船内部结构 (2) 船的动力演变:人力—风力—热动力—电动力 (3) 帆船介绍 【工程设计】知识	观赏图片/视频资源;学习船舶演变发展过程;学习如何基于工程设计解决问题	为学生进行帆船设计提供知识基础;以工程设计思维进行帆船设计,培养学生工程设计能力
定义问题	【提出驱动型问题】帆船航行和什么因素有关 【明确任务要求】请列出这些因素,并想象跑得快的帆船可能是怎样的 〔提供驱动性问题表单〕	【头脑风暴】通过对材料清单和船舶图片的分析总结,小组讨论思考驱动性问题,并将思考结果填入问题表单	通过一个驱动型问题引发学生思考,进行头脑风暴,对工程设计任务明确问题需求,搜集信息,开展想象和计划

问题情景:

想象自己是哥伦布时期的探险家,利用帆船遨游世界,促进经济交流发展,为了提高航行效率,你必须要想办法以最低的成本提高帆船的速度和安全性(稳定性)。请根据情境设计一艘跑得又快又稳的帆船。

材料:绳子、胶水、吸管、小木棒、塑料瓶、易拉罐、布料、塑料袋、卡纸……

第一课时学习任务单:

(1) 想象与思考:

帆船航行的速度与稳定性和什么因素有关? 请在表 4-2 中列出来,并想象跑得快的帆船可能是怎样的。(可以以文字或图画描述)

表 4-2 影响帆船行进因素与帆船想象

因素 (影响帆船速度和稳定性的因素)	想象

（续表）

因素 （影响帆船速度和稳定性的因素）	想象

（2）设计：

你们小组想用哪些材料制作一艘跑得又快又稳的帆船？

你们设计的帆船是什么样子的？请列入表4-3。

表4-3　帆船设计

使用材料		
船体	帆	桅杆
设计草图		

第二课时——制作与迭代（见表4-4）。

表4-4　第二课时教学设计

教学环节	教师活动	学生活动	设计意图
复习导入	【课程回顾】带领学生回顾上节课所学知识 【明确任务】告知本节课程任务：完成帆船的设计与制作	回顾上节课所学知识。准备制作帆船所需的材料	复习上节所学知识，为本节课制作帆船提供理论知识的支持

教学环节	教师活动	学生活动	设计意图
提出要求	向学生展示作品评价维度以及作品评价指标。比如船的完整度、稳定性和速度等因素	认真阅读和理解作品制作要求与评价指标	帮助学生理解指标，设定明确目标，激发斗志，提高作品水平
初步建模	【教学指导】在学生制作帆船的过程中，提供相应的指导与帮助	小组协作，利用教师提供的材料(卡纸、塑料瓶、小木棍等)进行帆船的初步制作；在任务单中记录制作过程	通过小组协作培养学生的协作能力与协作意识；提高学生的动手实践能力
测试评估	【教学指导】引导学生对帆船的性能完成进行测试、评估——包括帆船的稳定性和行进速度，帮助学生发现目前帆船存在的问题	对帆船的性能完成进行测试、评估——包括帆船的稳定性和行进速度等；在老师的指导下，找出目前帆船模型存在的问题，便于有目的地进行改进；在任务单中记录测试过程	在测试过程中给予学生一定的指导，使其能够更好地完成下一阶段任务
修改迭代	【教学指导】提醒学生尝试改变帆船的形状、材质，测试行进速度，对帆船作进一步的改进与优化	通过改变帆船的形状、材质，测试行进速度，对帆船作进一步的改进与优化，提升帆船的稳定性和行进速度；在反复修改、迭代、测试的过程中找到影响帆船行进速度的因素	使学生在动手操作、反复迭代过程中找到影响帆船行进速度的因素，加深学生的理解与记忆

第二课时学习任务单：

小组在本节课完成帆船的制作，并在表4-5中记录小组的制作过程。

表4-5 小组制作过程

序号	该步骤需要解决的问题	小组进行了哪些操作/措施/尝试	测试结果
1	初步制作帆船		

（续表）

序号	该步骤需要解决的问题	小组进行了哪些操作/措施/尝试	测试结果
2	帆船行进测试		
3	提高帆船性能（行进速度、稳定性等）		

第三课时——汇报交流（见表4-6）。

表4-6　第三课时教学设计

教学环节	教师活动	学生活动	设计意图
课堂导入	回顾前两课时的内容，请学生思考自己小组的作品是否满足了任务要求，在上次的实践中遇到了什么麻烦，又是怎么解决的？在这一过程中获得了什么经验，以及小组是如何合作的？	结合最初的问题需求整理内容： ● 作品结构 ● 作品演示 ● 试错经验总结 ● 小组分工	帮助学生回顾，提供汇报的大纲，形成系统的作品思路
汇报交流	组织学生按小组汇报演示，给学生分发小组互评表，讲解评价注意事项；每组汇报后请其他小组进行点评，并记录在评价单中	参与汇报，认真听其他组的汇报并积极思考积极交流	鼓励学生表达和交流
汇报总结	对学生的汇报进行总结点评，强调其中有特色的值得继续努力的特点，对部分组的重点误区进行纠正和引导	听讲和互动	帮助学生梳理经验，将每个组的经验共同内化共同学习
全课时总结	带领学生整理学习过的知识，在探索中学到的知识、技能和经验；启发学生在船舶航行中做更多的改造	听讲和互动	形成学习闭环，拓宽探究思路，引导对船舶有兴趣的学生进一步研究

（5）评价。

评价环节分为小组评价和教师评价（见表4-7、表4-8）。

表4-7 学生组间评价表

评价内容	评价标准			得分
	3星标准	2星标准	1星标准	
作品完整度	作品结构完整，有自己的思考，适应情境因素全面周到	帆船结构完整，能够实现基本航行，但是没有考虑情境因素	帆船基本结构不完整，几乎不能航行	☆☆☆
作品运行速度	每秒15厘米以上或者同等风力下远远超出其他组的帆船速度	航行速度一般每秒10~15厘米	航行速度很慢，每秒10厘米以下	☆☆☆
作品运行稳定性	航行垂直方向相对平稳	航行过程中没有被吹翻但是左右摇晃明显	同等风力和风速下，很容易被吹翻	☆☆☆
作品美观度	制作精良，粘贴和裁剪工整，有自己的创意	简单朴素	十分凌乱，很容易散架	☆☆☆
小组分工	分工明确，每个人都能够发挥自己的特长，配合默契	有合作分工意识，但是不够合理，配合中不够默契	分工不明确不合理，有组员无事可做	☆☆☆
汇报展示	讲解清晰，内容丰富精彩，表达方式有创新	中规中矩，基本能够覆盖到老师给出的要点	表达不清晰，没有讲清楚汇报内容	☆☆☆

表4-8 教师评价表

评价方式	评价内容	评价标准
过程性评价	1. 设计单	设计单是否完整，是否涵盖帆船设计的各个要素：外形设计、选材设计、影响速度的因素猜想
	2. 任务单	分工是否合理，协作过程是否合理
总结性评价 小组互评	作品完整度	帆船是否结构完整（船身、帆、杆）
	作品运行速度	帆船运行速度如何
	作品运行稳定性	帆船运行是否稳定
	作品美观度	帆船外形美观度如何
	小组分工	小组分工是否合理
	汇报展示	小组汇报展示效果如何

（续表）

评价方式	评价内容	评价标准
	知识测评	是否找到了影响帆船行进速度、稳定性的因素 是否能够运用学科知识解释帆船行进原理

案例二：过滤我们的水

（1）学习者分析。

起点水平：本节课的教学对象为中小学生，有一定的科学、技术、工程和数学的学习背景，对物理科学、地球科学以及工程学都有一定的知识基础，能够比较快速地将之前学习的知识迁移到新知识中来。在该主题课程中，学生在上节课已经了解了没有干净的水会带来的影响即过滤水的重要性，并通过将不同杂质混合到干净的水中学习了酸碱度以及测试液体酸碱度的方法。本节课"过滤"与上节课"污染"的关系紧密，学生有了上节课的知识基础后，对这节课的知识接受度也加强了。

认知结构：中小学生的认知结构处在不断完善的变化过程中，同时他们也具有较强的记忆能力和学习能力。因此对于本节课的内容可以较好地理解和接受。

学习动机：通过创设生动有趣的教育情境，采用丰富的教学资源，包括有趣的实验和生动的案例，再加之合适的教学方式，激发和维持学生对于课程学习的内在动机。

学习风格：大多数中小学生是活跃型、视觉型的。本节课的教学设计遵循循序渐进的特点，通过层层递进的案例，引导学生动手操作进行实验，向学生展示潜在的知识点。

（2）学习目标分析。

科学：认识明矾净水的过程和原理（化学）；了解被污染的水的酸碱成分以及重金属成分对人体的危害（生物）；理解世界上仍然饱受水污染困扰的地区和当地人们的生活状况（地理）。

技术：掌握过滤的操作，熟悉酸碱度测试过程。

工程：使用矿泉水瓶等材料设计、组装并调整过滤器。

数学：在制作过滤器的过程中对过滤器的大小和过滤能力进行数学估算与记录。

（3）教学内容分析。

主要内容：在本课时中，学生们将会继续研究如何检测出水中的其他物质，同时，学习如何对水进行净化。

教学重点：研究检测水中的其他物质的方式，学习对水进行净化的方法，理解水污染的严重影响和水净化的重要性。

教学难点：制作过滤器并使用过滤器进行过滤实验并测试过滤后的成果。

（4）教学资源与环境分析。

学习资料：

① 疾病控制与预防中心一些关于水污染和相关疾病的材料。

② 矾净水的视频。

实验材料如下。卷心菜汁指示剂、盐分测试器、2 个透明的容器、花盆土或普通的泥土、蒸馏水、明矾、上节课插在各种溶液中的植物枝叶、自来水、碳酸水、盐、烘焙苏打、醋、透明塑料杯（每位学生 2 个，如果要进行额外的盐分测试实验的话，可以为每位学生准备 4 个）、1 升或 2 升装的空饮料瓶，将饮料瓶拦腰切断，变成上下两个部分（每位学生 1 个，另外准备 1 个用于展示），以及约 5 厘米见方的棉布（每位学生 5 块，另外还需准备一些用于展示）。过滤材料包括土、沙子、鹅卵石或岩石、棉球、煤块或活性炭（活性炭比煤块的过滤效果要好得多，活性炭可以在售卖水族用品的宠物商店中购买）。

（5）课前准备。

① 准备好卷心菜汁指示剂。

② 备好盐分测试器。

③ 在一些干净的容器中加入水，再往容器里加入一些花盆土或泥土，充分搅拌制成污水，课中将利用这些污水向学生们展示如何使用明矾净水。

（6）教学过程（见表 4-9）。

问题导入——讲授知识——情感升华——动手实验——讨论总结。

表4-9　教学过程

教学环节	主要内容	教师活动	学生活动
课堂介绍及展示(20分钟)	展示上节课准备好的插到不同溶液中的植物枝叶,比较植物的生长状况,探究原因	引导学生观察不同溶液中的植物枝叶——结合上节课的内容进行讲解——讲解检测水中盐分的方法(盐分测试器)——为下一环节做准备	观察植物枝叶的生长状况——结合上节课的知识思考原因——认真学习盐分测试器的使用原理和方法——自行调制溶液并使用盐分测试器进行检测
为什么有些水不能喝(20分钟)	阅读关于水污染和相关疾病的材料,让学生认识水污染与人体健康的关系	分发疾病控制与预防中心的材料——带领学生阅读,提醒重点——引导学生使用互联网自行探究水污染与人体健康的关系	认真阅读材料——通过互联网探寻水污染与人体健康的关系,正确意识到水污染的严重性
世界上最渴的人:一个比较痛苦的结局(15分钟)	写作环节,以"世界上最渴的人"为题,结合所学知识,展开想象,完成一篇悲剧作文	布置写作任务——引导学生结合所学知识以及展开丰富的想象——提示可能出现的情况	系统地回顾所学知识——展开丰富的想象,主人公可能遇到的痛苦——完成写作
关于明矾净水的视频和展示(20分钟)	①查看之前用明矾净化的两杯污水的实验结果 ②观看关于絮凝的视频	①将用明矾净化后的两杯水拿给学生看,给学生一点时间观察 ②播放关于絮凝的视频并提问	学生思考:如何理解视频中明矾现场演示的结果
净水实验:过滤(30分钟)	①问问学生有没有自己动手做过意大利面或者榨过鲜橙汁,看看他们如何将意大利面从水中捞出来或者如何将果汁里面的果肉去除 ②实验演示,制作简易过滤器 ③分组实验,制作简易过滤器 + 净水实验,查看不同材料下的净水效果	①教师在班级中提问,引出净水实验;总结,并告诉学生,接下来他们将进行的实验原理其实跟这差不多,他们将要制作一个可以过滤水的过滤器 ②材料介绍与演示,并向学生解释过滤的过程,为学生正式实验做铺垫 ③教师一步一步引导学生实验	①学生举手回答,思考生活中的过滤问题 ②学生认真听讲,看教师示范 ③学生在教师引导下进行实验,并记录实验结果

（续表）

教学环节	主要内容	教师活动	学生活动
讨论环节（15分钟）	回顾之前的实验结果，然后让学生讨论：什么样的过滤器才算完美？备注：① 可以让学生将自己设想的完美过滤器写（或画）出来。告诉学生，他们在接下来的环节将会进行"终极测试"② 学生们还可以分享一下自己所写的《世界上最渴的人》	带领回顾实验结果，进行总结；引导学生讨论（分小组）	小组讨论，分享讨论结果

4.3.3　3D 打印

1）3D 打印概述

创客教育是一种让学生动起来的教育，它不是将材料全盘托出，让学生搭积木的过程，而是让学生自己造积木，因此在创客教育中 3D 打印技术处在核心的地位。创客教育是将学生脑海中的事物转变为现实的一种方式，让学生通过计算机技术设计和打印自己所需的器件，培养学生的创新精神和动手实践能力。3D 打印技术早在 20 世纪 90 年代中期就已出现[69]，但由于价格昂贵，技术不成熟，早期并没有得到推广普及。经过 30 多年的发展，现在该技术更加娴熟、精确，且价格有所降低，在各行业中的应用普及性大大增加。

2）3D 打印的发展

3D 打印机已经慢慢地出现在各行各业当中，在医疗中 3D 打印技术用来制作一些人体器官组织；在工业方面，3D 打印技术用来制作一些零件，摆脱了原有的繁琐制作工艺流程，并且所需的设备也很少；在教育领域，3D 打印技术主要用作科创器件的制作，学习者可以根据自己的需要和想法打印所需器件。在未来的教育领域，创客教育必然会得到飞速的发展，3D 打印技术也会随之得到进一步的提升。

3D 打印所需的主要设备有两种，一种是 3D 打印机，另一种是三维设计软件。3D 打印机是一种以数字化设计文件为基础，以特殊的材料逐层进行打印的机器。3D 打印机的打印技术目前已经有了空前的发展，打印机的打印精度、速度都得到了进一步的提升，可以大量制造一些急需的零件。目前在创客空间中所用的是桌面级的 3D 打印机，虽然与一些大型打印机相比会有一定的缺陷，但是目前这一类的打印机能够满足我们的需求，并且相比于专业级别的打印机，在价格上更加便宜，更利于在中小学使用。

三维设计软件目前在市面上也有很多种，有适合教育领域的，也有工艺级别的，工艺级别的软件有多种划分，一般以所涉及的领域作为一个划分界线。在创客教育中，3D 打印笔也非常有用，3D 打印笔所打印的物品虽然在结构上不是十分完美，会与自己所设想的器件之间产生误差，但是摆脱了三维建模这一操作步骤，所以对于低年级的学生来说，更加实用[70]。

4.3.4　开源软硬件

4.3.4.1　开源硬件

1）Arduino 硬件

Arduino 经常在创客教育领域出现，有很多学校和教育机构将 Arduino 开发板作为自己课程中的必备工具。软件部分则主要由 PC 端的 Arduino IDE 和第三方函数库组成。使用者可以借由 Arduino IDE 轻松地下载手头的开发板相关的板级支持包（BSP，Board Support Package）和开发工作所需的函数库[71]。Arduino 是一个开源平台，目前已经开放了很多的版本给学习者使用。另外，Arduino IDE 如今也不仅仅支持 Arduino 系列开发板，还增加了对 Intel Galileo、NodeMCU 等流行开发板的支持[71]。

图 4-3　Arduino 中文社区[72]

Arduino 开发案例：智慧门禁系统。学生一般开发的项目会使用自己的电脑，虽然电脑可以接入很多的外设，比如摄像头、游戏手柄等，但舵机等小的执行器，通常是使用 GPIO 接口的，现在的电脑一般并不支持，因此我们往往会结合 Arduino 等硬件来开发。

最传统的 Arduino 开发形式是用 Arduino IDE 编写 C 语言程序，烧录到板载存储控件中，独立运行。但当前中小学的主流编程语言是 Python 语言，因此，采用 Python 语言是开发更优的一个选择。

首先，我们要使用 OpenCV 来实现人脸识别，当发现人脸时，控制舵机转动，来实现门禁的效果。

（1）用 OpenCV 调用摄像头拍摄并检测人脸。

```python
import cv2
camera = cv2.VideoCapture(0)
ret, img = camera.read()
camera.release()
face_cascade =
cv2.CascadeClassifier("haarcascade_frontalface_default.xml")
gray = cv2.cvtColor(img, cv2.COLOR_BGR2GRAY)
faces = face_cascade.detectMultiScale(gray, 1.3, 5)
n = len(faces)
if n == 0:
    print("没有人")
else:
    print("有人")
```

上面代码中变量 n 记录了检测到人脸的数量。当有人时，输出"有人"。

（2）用 pinpong 控制舵机门禁转动。

```python
import time
from pinpong.board import Board, Pin, Servo

Board("uno").begin()
```

```
s1 = Servo(Pin(Pin.D4))
if n>0:
        s1.write_angle(0)
        time.sleep(5)
        s1.write_angle(90)
```

使用 Windows 或 Linux 电脑连接一块 Arduino 主控板，D4 口连接一个舵机，当有人时，舵机会转动，实现门禁功能。

通过这样的一个案例，我们看到了 Arduino 的一种全新的用法，可以作为计算机的一个外设而存在，它拓展了计算机的多模态表现，而不是独立工作。而如果想要独立工作，也并不是只能回归到 C 语言编程，而是可以直接部署在微型电脑上，代码完全不需要改动。下面，我们就来认识一款微型电脑——树莓派。

2）树莓派开源硬件

树莓派是一款微型电脑，其硬件构成与 Arduino 相差不多，但可以运行完整的操作系统（见图 4－4）。其中 Arduino 套件的典型编程语言是 C 语言，树莓派的典型编程语言是 Python 语言。由于目前国家政策的倡导，鼓励中小学生学习编程，有很多教育机构纷纷投入可视化编程的行业，研发出了 Arduino 可视化编程软件（ArduBlock）和树莓派可视化编程软件（BlocklyPi）。这些可视化软件兼容大部分的相关开源硬件，学习者可以根据自己的想法做出诸多优良的作品。

图 4－4　树莓派官网[73]

4.3.4.2 开源软件

1) Mind+（简易图形化编程工具）

Mind+是一款图形化编程软件（见图4-5），学生只需要拖动其中的模组就可以实现自己所预想的效果，适合低龄学生学习编程，目前有很多中小学将Mind+编程列入计算机课程。目前该软件应用最多的城市为上海，上海从2013年开始举办比赛。Mind+这款软件是完全免费的，并且多系统兼容，网上也有很多系统的在线课程，友好的交互界面会帮助孩子们快速地对这款可视化编程软件上手，完成内心诸多有趣的想法，开拓编程思维和想象力。

图4-5　Mind+官网[74]

2) GitHub

GitHub是一个代码托管平台（见图4-6），用户可以在上面上传代码，与其他用户共享，共同完成一个小项目。GitHub上面有诸多的开源代码，从中可以找到很多自己所需要的创意工具，减少了日常工作中重新造轮子的时间，用户也可以在上面分享自己的优秀代码作品，共同建设GitHub。

图4-6　GitHub官网[75]

4.3.4.3 开源案例

案例 1：在开源网站上下载一个开源项目

这里，以开源智慧农场（Sfarm）项目为例，展示如何在 Github 上搜索并下载一个开源项目。

开源智慧农场是一个基于 MQTT 协议开发的，能实现数据采集和远程浇水控制的物联网种植系统。系统采用分布式设计理念，以无线的方式随时随处接入智能终端节点，部署方便，扩展性强。系统基于国产开源硬件设计，兼容创客空间中常见的电子模块，开放协议接口，支持二次开发。学生既可以利用各种数据进行科学探究，也可以自主编程，深度参与系统的功能设计。

第一步，打开 Github，搜索 vvlink/sfarm。

第二步，跳转到对应的项目仓库。

第三步,下载项目 ZIP。

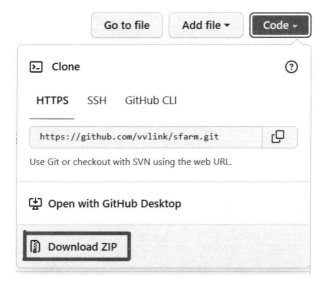

案例 2:利用开源软硬件学习人工智能

开源软硬件一直是学习的利器,使用开源方案,可以简化课程开发的成本和难度,这里以教师学习和开发人工智能课程"走进万物智联的世界"为例,展示完整的课程纲要。

简介:介绍物联网和人工智能的入门知识,从零开始搭建一个智联网,实现用手势、人脸等有趣的方式和智能家居互动。

课时:20

● 实施条件如下。

首先,硬件。

必备硬件:掌控板、摄像头、小音箱、智能 LED(以 Yeelight 灯泡为例);

可选硬件:树莓派(或者行空板)。

其次,软件。包括 Home Assistant、SIoT、MMEdu。

● 课程目标如下:

(1) 掌握人工智能的基本使用流程,包括数据采集、数据预处理、模型选择、模型训练、模型推理应用;

(2) 掌握开源硬件的一般开发方式,包括输入输出控制、程序烧录等;

(3) 掌握物联网的数据流通形式与数据处理方式;

（4）能够利用技术手段解决身边的真实场景的问题。

● 课程内容：介绍物联网和人工智能的入门知识，从零开始搭建一个智联网，实现用手势、人脸等有趣的方式和智能家居互动。

● 设计思路：设计为多个完整的项目式学习课程，每一个项目安排2课时，穿插活动（体验、实验或者实践）。

● 课程评价：以项目式作品为内容，以小组互评和教师评价相结合的方式，综合评价。

● 课程目录如下。

（1）基础单元。基础单元由四个项目组成（见表4-10），是搭建物联网和智能家居的前期准备工作。

表4-10　基础单元项目

项目序号和名称	项目描述	项目指导（新知识）
项目1　搭建MQTT服务器	搭建SIoT服务器，实现消息发送与接收	① MQTT协议和服务器（SIoT）介绍 ② 使用树莓派、虚谷号搭建SIoT服务器 ③ 使用MQTT工具和Python代码实现SIoT的消息发送与接收
项目2　测试物联网终端	测试物联网终端（掌控板）的输入、输出和屏幕显示功能，以及物联网通信功能	① 智能终端的输入（按钮）和输出（屏幕） ② 测试MQTT消息的发送和接收 ③ 智能终端的通信（联网、显示IP）
项目3　配置HASS服务器	配置HASS服务器，并完成常见智能家居设备的接入	① 搭建HASS服务器，设置IP地址等信息 ② 接入常见的智能家居产品（智能LED），并实现网页控制 ③ 根据日落时间实现自动化开灯
项目4　体验深度学习工具MMEdu	安装MMEdu，并利用它完成图片分类和物体检测的图片推理	① 神经网络和深度学习 ② MMEdu的安装 ③ MMEdu功能简介（图片分类和物体检测）

（2）实验单元。完成五个物联网和人工智能的经典实验（见图4-11）。

表4-11 实验单元项目

项目序号和名称	项目描述	项目指导(新知识或者步骤)
项目1 远程控制电器	用掌控板通过MQTT协议控制智能灯泡	新知识: ① 在HASS增加MQTT服务器 ② HASS自动化配置 步骤: ① 在HASS增加MQTT服务器并配置 ② MQTT消息实现LED控制
项目2 人脸识别控制	用人脸识别来控制智能灯泡的状态	新知识: ① OpenCV简介和人脸识别的实现 ② "静默"功能的实现 步骤: ① 用OpenCV,检测到人脸开灯,否则静默一定时间关闭 ② 根据人脸的数量,自动调节灯泡亮度
项目3 手势识别控制	用手势(画出一个图案)控制智能灯泡	新知识: ① 机器学习的一般过程 ② 数据集的收集和整理(需要找到手势的加速度数据,经过归一化处理后,做数据集) 步骤: ① 训练手势模型并测试 ② 编写代码实现根据推理结果开关灯
项目4 手绘图案识别控制	用手写的物理符号控制家电	新知识: ① 神经网络和MMEdu的简介 ② 分类数据集的再认识 步骤: ① 用常见的物理电路图案,采用神经网络(MMLab)训练 ② 编写代码实现根据推理结果开关灯
项目5 人体姿势识别控制	用夸张的身体姿态控制家电	新知识: ① 姿势识别的简介 ② 姿势数据集的再理解 步骤: ① 采用MMLab中的MMPose识别姿势及肢体位置关系 ② 编写代码实现根据推理结果开关灯

（3）创造单元。利用前两个单元掌握的物联网、人工智能技术，发挥创意，结合特定的情境，设计个性化人机互联应用（见图4-12）。

表4-12 创造单元项目

项目序号和名称	项目描述	项目指导（新知识）
搭建创意互联作品	根据前面课程学习的内容，设计属于自己的项目，实现生活中的智能化场景	步骤： ① 项目需求分析、可行性分析、分工 ② 硬件搭建 ③ 软件设计与调试 ④ 优化完善 ⑤ 项目结果评价

● 核心软硬件介绍

（1）掌控板。掌控板是创客教育专家委员会、猫友汇、广大一线教师共同提出需求并与创客教育行业优秀企业代表共同参与研发的开源硬件，适用于中小学信息技术课程教学。掌控板拓展兼容性强，包含丰富的智能硬件、结构件等周边资源，在不外接扩展设备的情况下也能完成多种创意作品。

掌控板支持 MicroPython 语言，其采用了物联网芯片，内置 Wi-Fi 功能，很适合作为物联网终端。同时，我们也可以借助 pinpong 库，将掌控板作为电脑的一个附属设备，通过串口来读取传感器信息，或者驱动 LED、电器等执行器，让电脑也具备读取传感器和驱动执行器的能力。

（2）HomeAssistant（HASS）。HASS 平台是一个在 Python3 上运行的家庭自动化平台，能够检测和控制家庭中的各种家电设备，并提供自动化控制。HASS 相当于一个额外搭建的智能家居网关，我们可以通过对其开发的 API 接口进行编程，从而实现对局域网内智能家居设备的个性化控制。

由于其开源的特性，诸多开发者为其开发了功能各异的插件，现在通过这些插件，可以接入各大企业的品牌电器，如苹果智能设备、米家智能设备、Yeelight 等。

（3）SIoT。SIoT 是一个专为中小学教育定制的开源 MQTT 服务器，它拥有数据接收、存储、分析等功能，能够帮助中小学生理解物联网原理，进行基于物联网技术开发的各种创意应用。同时，因为重点关注物联网数据的收集和导出，SIoT 也是采集科学数据的最好选择之一。

SIoT 主要有四大特点，跨平台、一键运行、使用简单、数据可导出（见表

4 – 13)。

表 4‑13　SIoT 的特点分析

特点	内　涵
跨平台	SIoT 支持 Win10、Win7、Mac 和 Linux 等操作系统,还支持多种开源硬件。只要启动这一程序,计算机就成为一个标准的 MQTT 服务器
一键运行	SIoT 是一个绿色软件,无需安装,解压便可使用
使用简单	软件运行后,不需要任何注册和设置,利用特定"Topic"的名称("项目名称/设备名称"),就能自动在数据库中添加项目和设备名称,并将消息数据存入数据库
数据可导出	SIoT 提供了一个 Web 管理界面,接收到的所有物联网消息数据都可通过 Web 页面导出,便于进一步分析处理

（4）MMEdu。MMEdu 是一个基于 Pytorch 的深度学习开发工具,其内置了计算机视觉领域的最新 SOTA（state-of-the-art）模型。所谓 SOTA 模型,指在公开的数据集上目前检测到的效果最好、识别率最高、正确率最高,达到最优的算法模型。用户不需要理解网络模型的原理,只要收集了足够多的数据（图片）,就能够用几行的代码训练出自己的模型,然后用于特定问题的解决,即对新的数据进行推理。

MMEdu 共分为图像分类（classification）、物体检测（detection）等多个模块,这些模块是面向中学生学习的基础的深度学习任务,难度逐步递增,逻辑结构清晰,符合中学生的学习认知规律。此教育版本的开发目的,就是以通俗易懂的方式,向学生们展示深度学习任务的学习过程,确保学生们在不超纲的知识范围内,轻松上手深度学习中的各种简易任务。

MMEdu 也是 Python 的一个库名,可以使用 Pip 工具来安装,指令为：pip install MMEdu。

4.4　教育机器人

4.4.1　教育机器人的分类及发展

教育机器人在这几年的发展是飞速的,有很多的企业和科研机构投入此类产品的研发过程。目前教育机器人主要分为两类,分别是以教师为身份的教育机器人和供学生学习的教育机器人。前者也叫机器人教师,拥有良好的机器性能,而且作为机器人教师,在未来的教育发展中,可以投放到边远的乡村,降低中西部的教育差异。在本章中将重点介绍后者,即作为教师的教具呈现给学生,让学生去学习的教育机器人。

第二类供学生学习的教育机器人是面向教育领域专门研发的以培养学生分析能力、创造能力和实践能力为目标的机器人,具有教学适用性、开放性、可扩展性和友好的人机交互等特点[76]。这一类教育机器人最早来自20世纪60年代麻省理工学院西蒙·派珀特教授创办的人工智能实验室。这种教育机器人是多学科、跨领域的研究,涵盖计算机科学、教育学、自动控制、机械、材料科学、心理学和光学等多个领域[77]。

目前在我国基础教育中,对于供学生学习的教育机器人的研究有三大特点,分别是与信息技术教育相融合、与传统课程相整合、与课外活动相结合。目前中小学信息技术课程标准已经对教育机器人做出了一定的要求,学校里也会根据学生的能力和学校设施资源设计一些机器人课程作为选修课提供给学生,这类课程极大地开阔了学生的眼界,对于学生创新精神的发展和动手实践能力的培养有着极大的帮助。

4.4.2 教具类机器人

1) 教学辅助机器人

教学辅助类机器人可以在课堂或者虚拟环境中为课堂学习提供帮助,帮助授课老师收发材料、解答问题、登记需求等。当下比较成功的教学辅助类机器人大多应用于学前教育和高等教育。学前教育中,教学辅助类机器人可以作为学伴,呼应孩子的请求,回答孩子的问题,传授知识。老师带领学生和机器人互动,可以提高孩子的注意力、丰富孩子的见识。此外一些教学辅助机器人有自己的特长和特色,比如国学机器人,能够教授专业海量的国学知识,带领学生学习中国传统礼仪。而在高等教育中,很多课程是一个老师同时面向一个大班的学生,有些班级可能会有上百人,收发材料和回答问题是老师最头疼的事。教学辅助机器人可充当老师的课堂助手,课下可以和学生交流问题,教师也会在工作后看到互动的问题反馈,在下一次课上进行解释,这就提高了教学效率,减轻了教师负担。此外,在一些中小学的校园中也可以见到教育机器人,它们不直接服务于课堂,而是在校园中与学生互动,提供资料查询、位置指引、安全报警等服务,丰富了学生的校园生活,为校园管理提供了便利。

2) 学习实践机器人

用于教学辅助的机器人由于成本较高,且当下功能和标准不够规范,尚未得到大规模推广应用。相比之下,用于学生动手操作搭建的教育类机器人更受欢迎,并且在创客教育、STEM 教育的理念下得到各个阶段学校的青睐。用于学习实践的机器人可以大致分为功能类和搭建改装类。

功能类机器人指的是很少或几乎不能在其基础上进行改装搭建的机器人,学生主要通过遥控以及编写程序控制机器人完成相应动作,实现目标任务。比如人形运动机器人、机器车、无人机、格斗型机器人等。学生在学习过程中,主要理解机器和工程运动原理,学习编程的知识和方法。学生在利用机器人完成学习任务的过程中,培养计算思维、数学思维和人机交互能力。对于格斗型机器人,学生可以组成机器人战队,各司其职,和队友密切配合开展战术防御和攻击,直到战胜对方或者完成任务取得胜利。在学习、训练和比赛的过程中,学生学习包括击打传感器、视觉识别等信息科技知识,和同学密切配合形成默契,培养良好的合作交流能力与责任意识。

改装搭建类机器人是需要学生将开源硬件的主板结合多种电子元器件,配合多种材料对框架和组件进行架构的一类机器人。和功能类机器人相比,改装搭建类机器人具有更强的拓展性,学生根据自己的需要选择不同的传感器、元器件对机器人的功能进行改造,或者利用合金、木材甚至 3D 打印对机器人的结构进行创造,然后通过编程控制机器人实现预期功能。在改装搭建机器人的过程中,学生更能够充分发挥主观能动性和创造力,学习工程机械原理,认识电子元器件的功能及工作原理,培养数字化学习创新能力,提高动手实践能力。

当下学习实践类的机器人已经走进信息技术课堂,很多中小学也有了兴趣班和校本课程。我国的机器人教育行业近年来风生水起,国内外机器人教育机构在各个地区快速发展。我国出台多项政策支持举办科创比赛,鼓励学生参加世界级的机器人大赛,以激发机器人的学习动力。全球三大机器人赛事分别是 First 机器人大赛、MakeX 机器人挑战赛以及 VEX 机器人世界锦标赛。其中,First 机器人大赛在美国的影响力十分明显,美国各大企业十分欢迎参加过该项大赛并获得相关证书的毕业生,并且该项比赛被列入评选奖学金的标准之一。MakeX 机器人大赛在中国的地位逐步提升,得到了多个国内学会及部门的认可,加之 STEM 教育的发展和 Makeblock 公司在国内的影响,未来会有很多青少年踊跃参加,MakeX 机器人大赛的发展不容小觑。VEX 机器人世界锦标赛是全球规模最大、参与人数最多的机器人比赛项目。我国正有越来越多的学校和地区参与各种类型的机器人大赛,一方面向世界展示了中国学生的才智,另一方面也拓宽了学生的视野,有利于进一步促进我国机器人教育的发展。

4.4.3　教育机器人案例

1）机器车

机器车以其直观的运动性和简单的结构受到众多学校的青睐,可以作为学生学习机器人初级阶段的教育装备。在国内当下应用相对广泛的机器车有优必选、Mbot、VEX 等。机器车基础学习模块包括运动、避障、巡线等,囊括的电子元器件知识有马达、超声波传感、红外传感器、灰度或光学巡线传感等。具体应用场景比如让学生设计小车巡线代码,在形状各异的线条上利用既定编程完成任务;设计避障或跟随小车,让小车具有避障运动和跟随运动的能力。在此基础上,可以为机器车增加其他组件,比如机械夹、云台等,通过添加其他电子器件使得小车搬运物块,完成指定任务。

2021 年上海世界人工智能大会上举办了"智慧发展"机器人比赛,要求选手自己改装机器车,两队一组开展精彩对抗。比赛中每个队伍控制两辆机器车,通过滚轮吸取"能源球"投放到"能源塔"获得能源积分,通过机械手将"树苗"放置到指定平台上完成种植,获得绿色发展积分。整个比赛既要求选手密切配合努力获得积分,也要求选手努力发展绿色事业,体现"碳中和"的智慧发展精神。

2）人形机器人

人形机器人的学习和操作比较简单,当下的人形机器人动作比赛参赛者多为低龄阶段学生。学生设计机器人动作,让人形机器人完成赛道上的挑战,比如跨越、行走等。学生需要理解部分人体运动原理以及机器人运动原理,保证机器人运动的稳定性和准确性。

3）无人机

无人机也是近两年发展起来的机器人教育装备,其定义是,通过遥控设备或者既定程序控制的不载人飞机。我国无人机事业处于世界领先水平,无人机本身有广泛的应用比如航拍、灯光展、军事或社区侦查、物品运输、农业农药喷洒等。目前国内已经出现了不少正规无人机培训机构,高等院校和职业院校也开展了无人机训练课程服务专业发展。在中小学,无人机教育也开始发展,多家机构开发了适用于低龄初学者的无人机,具有重量轻、结构精简、安全等特点。学生通过对无人机编程,实现无人机高难度穿越动作,或者利用多架无人机形成无人机编队设计动作。

无人机的训练一般有专门的场地,有穿越环、刀旗、隧道、迷宫等特殊设施。无人机的学习可以培养学生的空间思维、数学思维和计算思维,提高学生人机交互能力。用于中小学教育的无人机也有部分搭载了摄像头以及视觉识别模块,能够识别二维码、色卡等,学生在应用过程中可学习视觉识别原理,利用视觉识别道具提高无人机动作精准度和复杂度。

4）机械臂

机械臂是一种仿生的机械结构,一般由机械臂和灵巧手组成。人们利用既定程序编写和遥控,可以控制机械臂完成不同的仿生动作,比如打招呼、肯定、拒绝等,也可以利用其完成夹取物块等功能动作。学生控制机械臂需要理解机械运动原理和人体运动原理,有逻辑地对关键点进行编程和控制,完成对应任务,创造性地为机械臂设计"舞蹈"动作、让机械臂写字画画等。机械臂也可以搭载智慧视觉系统,通过对目标物品的识别,拿取目标物品。

学生学习和使用机械臂,能够培养空间意识、数学思维和计算思维。在教学中强调应用机械臂解决生活中重复无聊的工作,可提高学生发现问题、解决问题的意识,以及用机械臂造福人类提高社会生产效率的社会责任感。

4.5 在线教育装备

4.5.1 在线教育

在线教育在 21 世纪得到了高速发展,在理论、软件及硬件各个方面都有着巨大的发展和改进。在线教育的快速发展离不开互联网的推动和相关高新技术的支持,在线教育就是远程教育。近几年,社会对于在线教育的需求也在日益增多,我国有很多教育企业和科研机构也投入在线教育装备研发的行列[78]。

在线教育与传统教育相比,有着极大的不同。它不受时间、空间的限制,可以随时随地进行学习。移动设备的普及和发展给在线教育带来了深刻的变化和影响,它使得更多的学习者可以随时随地加入在线学习,并且随着在线教育产业的壮大和发展,在线学习的方式也从单一到丰富,学习内容也得到了质的提升[79]。

1) 在线教育的现状和特点

(1) 移动在线教育已经形成主流。与 PC 端相比,移动在线教育具有更便捷、更人性化的特点。其教育软件更加的灵活,用户随时随地可用,有很强的互动性、操作简易[80]。在当今社会,只要人们拥有一部手机,就可享受在线教育带来的学习效果。

(2) 社交化学习。在移动互联网时代,人们在网络上不是单向地接收信息,而是会参与信息的创建与分享。在这种转变下,在线教育也有着深刻的社交化的烙印。社交网络实现了学习者与平台、其他学习者之间的实时互动。学生通过社交网络平台和社交软件与其他人交流合作,便于进行小组学习。

(3) 在线教育形式的丰富化。移动互联网时代新媒体技术发达,社交网络便捷,使得在线教育不再拘泥于单一的录播讲课视频。常见的混合课堂、翻转课堂的教学形式,可以实现线上与线下课程相结合。实践类、动手型、技艺性课程可以利用网络直播实时传送操作过程,对于学生来说更有现场感和参与感。

(4) 大数据、人工智能与个性化学习。利用移动互联网平台进行在线教育,能获取大量用户信息、教育信息、课程信息、学习行为信息,通过对这些信息进行分析、整理,很容易对学习者及其学习状况进行清晰的画像。基于这些反馈数据,教师可以调整自己的教学技术,为学生制订更加个性化的学习方案[81]。

2) 在线教育发展过程

(1) 早期的在线教育。1996 年,我国第一家中小学网校——101 远程教育网在北京成立,一时间知名中小学依靠优质的教育资源兴办网校成为潮流,这也成为在线教育的雏形。但受当时互联网和计算机技术限制,在线教育资源只能提供给经济发达地区的学生,在线教育对教育公平的影响受到广泛关注[82]。

（2）现代远程教育。随着互联网通信技术的发展与网络基础设施建设的完善,我国在线教育迅速发展。2015 年,"互联网＋"概念上升为国家战略,政府鼓励学校、互联网企业与社会教育机构探索新型教育服务供给方式,教育部建立试点院校,旨在促进在线教育发展。但是与其他互联网产业相比,在线教育的发展还是相对缓慢。

（3）互联网在线教育阶段。受新冠疫情影响,2020 年初我国大中小学全面停课,1.8 亿中小学在校生积极响应"停课不停学"号召,通过网课的方式进行学习。在线教学的理论和实践都得到了空前发展。人们第一次将在线教育以主要教育形式来发展,产生了多种翻转教学、双师教学等不同于教室教育的模式,极大地丰富了教育教学策略和理论。教科研机构及教育企业都投入在线教育的市场,极大地促进了在线教育的发展。在线教育在个性化学习、双师教育等情境中充分发挥了作用,提高了学习质量和学生发展水平。

3）在线教育在不同教育阶段中的发展

（1）基础教育。中小学在线教育在我国发展比较缓慢,从事这方面研究的主要是一些教育企业,国内的科研机构对此进行的研究比较少,不过疫情期间"停课不停学"的政策使得中小学在线教育得到了飞跃性的发展[83]。与我国相比,国外在线教育在基础教育领域发展得更好一些。在线教育在基础教育中的应用必须适合我国的国情和发展状况,只有通过不断探索与研究,才能真正将在线教育应用到基础教育领域。

（2）高等教育。信息技术的发展推动着高校"围墙"之内在线教育的发展,突破了传统教育中纯线下教学的组织形式。在高校课程中,不少教师利用 Hangout、Moodle 等在线学习平台,开展讨论、直播、录播等在线教学活动,学生可以选择通过在线的方式与其他学生同步进行课程学习。高校也一直在推动在线学习课程形式的创新改革。

4.5.2　在线教育装备案例

1）移动设备

在在线教育装备中,目前普及率最高的是电子移动设备,包括手机、平板电脑、笔记本电脑及电子书包等,它们在在线教育中的特性基本类似。

基本家家户户都会用到智能手机,智能手机拥有诸多良好的特性,如大容量、可联网、交互简便、便于携带、耗电低、成本适中等,这些特性为在线教育的展开提供了一个良好的机会。尤其是在智能手机普及的当下,诸多优良的教育 App 也得到了巨大的发展,各大知名教育企业相互竞争,产出了诸多的优质课程平台。平板电脑在在线教育中的相关特性与手机类似,但又比手机具有一定的优越性,这主要是因为平板电脑屏幕大,可以让用户更好地交互学习。

2)电子书包

电子书包是 21 世纪新兴的科技产品,是通过信息设备辅助教学的便携式终端。电子书包是实现移动学习的重要设备。

电子书包在国外较早就得到推广使用,但是由于各种原因,在我国的发展起步较晚。各级政府出台了很多政策进行引领,例如《上海市中长期教育改革和发展规划纲要(2010—2020 年)》就大力推广电子书包,并对电子书包的发展做出了相关指示说明。总的来说,电子书包在我国虽然经历了发展低潮,但随着各种条件的逐步成熟,仍会不断进步和发展。

电子书包有很多优点,如便携性、真实性、大容量、开放性、交互性等,并且价格适中。电子书包轻便、坚固,并且随着科技的进步,还可以在电子屏上进行书写。电子书包具有很大的储存容量,可满足日常的资源存取,并且在互联网的加持下,学生可以通过教学平台获取所需的教学资源。电子书包最主要的特点就是它的交互性,可以与多个对象之间进行交流,学习者可以在电子书包中完成课业任务和学习,教师也可以通过电子书包的教师端对学生完成的情况进行评定和反馈。

2014 年 8 月,荷兰开设了 7 所"就业学校",主要使用 iPad 应用程序来取代传统的教科书、黑板和其他教学工具。学校不再分级,学生各自在 iPad 上完成相关的学习任务,教师作为指导者参与进来,带领学生共同研究一个主题[84]。

4.5.3　线上平台案例

线上平台最常见的功能是提供学习资源和学习管理。校园不再是获取知识的唯一途径,学生可以通过线上平台获取到更多感兴趣的课程与资源,教师也可以利用线上平台的学习管理系统打通线上、线下课程,帮助学生更好地学习。

线上平台有两种,第一种是开源课程设计平台,另一种是由教育企业和科研机构设计的在线教育平台。

1)开源课程设计平台

Moodle 教学平台作为开源课程平台,集开发、设计及管理于一体,拥有众多优良的特性,易于掌握,具有大多数课程所需要的功能,有着先进的教学理念。Moodle 开源课程平台自问世以来,经过了数次的更新和发展,不断进行修正并与在线教育进行融合。它的开源性使得教学设计者可以在此基础上进行二次开发,更适合教师使用。

2)在线教育平台

(1)国外的在线教育平台。Udacity 是谷歌无人机之父巴斯蒂安·特伦创立,是成立时间最早,以计算机类课程为主的 MOOCs 平台(见图 4-7)。它没有严格的开课时间限制,课程是由很多业内专家和知名学者开设的。它的课程设计者十分用心,对于知识进行了很好的划分,方便学习者快速地选择自己学习的内容,并且每一小节课程都附有相关测试题来检测学生的学习情况,相关问题的解答也有课程视频来做讲解。该平台是公认的较有利于进行一对一教学的平台,方便学生进行个性化的学习[85]。

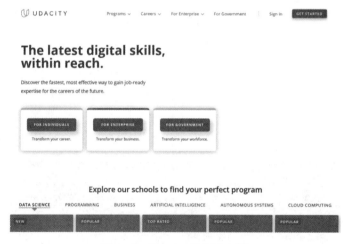

图4-7 Udacity 课程平台[86]

Coursera 是美国斯坦福大学两名计算机科学家创办的大规模在线课堂平台,该平台提供免费的网络公开课程,国内很多高校也将大量优质课程在上面进行投放,供学习者使用(见图 4-8)。Coursera 平台上面的学习资源分为课内和课外两种,多以视频为主,每个视频 15 分钟左右,学生可以下载或者在线进行观看,考核由教师决定,并且该平台将评分指标进行了细致的划分,对学生的成绩评定相当专业。Coursera 平台设置了讨论区,供学生与教师、学生与学生之间进行相关学术问题上的交流和讨论。

图 4-8 Coursera 课程平台[87]

edX 也是一款免费提供给学习者的在线课程平台(见图 4-9),它的目标是让学习者学习到最优质的课程。在 edX 平台中有着完整的教学环节,对课程模块进行了整合和分类,分别是课程视频、学习材料、测试、作业及讨论等。edX 平台课程对于课程计划有着细致的安排和设计,对于课程的各个环节有着明确的规定,教师通过该平台与学生进行互动,强化了学生的学习效果。该平台上的题目类型主要以客观题为主,教师通过学生的测评成绩,及时了解学生的学习动向,给学生进行个别辅导和教学。

图 4-9 edX 课程平台[88]

（2）国内在线教育平台。学而思网校是一个国内在线教育平台，其定位十分清晰，有着大量优质的课程资源。学而思在线教育平台最大特色是培优，相比于其他教育机构，它有着优质的师资资源，重视教师的教学能力，有完善的师资培训流程，是国内唯一开放课程的教育机构。

中国大学慕课是爱课程与网易云共同搭建的在线教育平台，中国大学慕课的简称为"MOOC"四个字母，代表了大规模、开放、在线及课程这四点。慕课平台有诸多国内大学的优质课程，大多数课程都免费开放给学习者。

网易云课堂是网易公司打造的在线学习平台，大多数课程以技能学习为主，涵盖各行各业。随着网易云课程质量的上升，其证书的价值也得到了社会的认可。

4.5.4 我国远程教育发展

随着科技的进步，多种技术融合发展，也让教育形态发生了巨大的改变。尤其在疫情的影响之下，我国开展了大规模的在线教育，有大批学者也在这一时期研究在线教育与传统教育之间的区别，为在线教育的发展提供了助力。在未来社会发展远程在线教育是非常必要的。

在线教育的发展对于实现教育公平有极大的帮助，开展在线教育有利于我国教育的均衡发展。但在线教育的发展难以解决"最后一公里的瓶颈"，很多大山里的孩子没有电子设备，也无法接触到网络。因此民进中央在 2020 年全国两会《关于完善网络教育体系提升重大疫情应对能力的提案》中提出，未来教育资金应更多偏向于农村的基础教育设施建设，加强网络的覆盖率，加大农村信息化教学设备的建设力度，同时也鼓励更多的社会群体帮助农村地区发展教育。

4.6 智慧课堂

4.6.1 智慧课堂

智慧课堂是以"互联网＋"的思维方式和大数据、云计算等新一代信息技术打造的智能、高效的课堂。智慧教室是指在数字化教室的基础上，构建一个以互动为核心,提供个性化师生服务、进行智能化管理、实现多元化交互教学的物理环境与虚拟环境相融合的学习环境,通过智慧的教与学,促进全体学生实现符合个性化成长规律的智慧发展。

在智慧课堂的环境中,教师通过学生与课件、电子白板的互动以及此前线上作业批改结果等数据,进行学情分析。在课前准备环境中,教师通过智慧课堂平台发布课前测试,了解学生认知结构,开展更加适应本班学生的教学设计。在正式上课时,利用智慧课堂环境提供开放教育资源、支持探究和协作学习等活动,促进学生主动学习。通过课堂测试,教师及时了解学生对本课知识点的掌握情况,给予及时的反馈并调整教学策略,帮助学生巩固或者补充拓展知识,提高学生的学习效率。课后教师基于平台布置作业,学生作答,教师根据作答的错误率、错误次数等,对尚有欠缺的学生进行巩固练习布置,对已经掌握知识的学生提供拓展资料。智慧课堂平台还可以形成过程和总结的评价,帮助学生更好地了解自己,也为下节课教学提供参考。

智慧课堂的价值体现在以下几个方面。第一,有效提升了学生各方面的素质。在智慧课堂上,学生们了解的不仅是知识,更是一种科学的方法,学习的不仅是听说读写的技能,还有情感体验与审美能力。第二,有效提高了学生学业成绩。智慧课堂可以帮助教师抓住考试的规律,掌控考试的重点,研究考试的形式与任务,训练考试的技能和技巧,培养学生的应变能力,使学生在各种各样的考试中立于不败之地。第三,提高了课堂效益。智慧课堂可以在有限的时间内充分调动学生的参与度,实现有效学习,让教师的智慧和技能体现在课堂教学中,让教师的才华在课堂里发出光彩。

近年来,信息化教学项目研究以智慧课堂产品为基础,探索有效的翻转课堂教学模式,并分阶段输出研究成果,服务一线教学。在多方努力下,我国的智慧课堂应用研究初具成效。智慧课堂改变了传统的课堂教学模式,激发了学生的积极性,提高了学生的学习热情、问题意识和创新意识,也提高了教师的教研热情。

4.6.2 智慧课堂教育装备的发展、现状和趋势

1) 智慧课堂教育装备的发展

智慧课堂的前身是数字化课堂,在人工智能等技术尚未应用之时,由电子白板、录播系统、互联网组成,帮助老师提供更加丰富的课堂教学方式,改

善教学环境。随着信息技术的发展,数字化课堂不再局限于知识的数字化,教与学的过程也要数字化。电子课本、远程课堂、录播课堂等装备的推广使用帮助学生在互动、主动学习和答疑反馈中不断培养学习习惯和主动学习能力。

除了课堂学习环境改善,数字化课堂让课外活动也更加精彩,极大丰富了学生的精神世界。比如在数字化音乐教室中,电子琴的听音设备让学生有自己练习的空间,不受外界干扰也不干扰他人。数字化书法教室利用电子笔触帮助学生在电子屏幕上学习书法,提高了书法练习的质量和效率,也大大节省了资源。

此外在物理环境上,数字化教室使得学生在更加舒适的环境中学习。课堂是学生第二个家,课堂的环境也应当为学生的学习保驾护航。比如在物联网技术的支持下,教室的温度、光线、通风等得到监控和自动化调整。对于火灾等危险情况的监控也更加及时,保障了校园生活安全。

有了数字化课堂的基础,学生和教师得到了信息技术训练,培养了信息意识与利用技术服务教学的能力,在人工智能技术和算法加入之后,智慧课堂的发展更加迅速。

2) 智慧课堂教育装备的现状

当下我国智慧课堂教育装备具备多个分支,其中主要包括精准教学教育装备、双师教育、虚拟教学环境等。

(1) 精准教学教育装备。精准教学教育装备主要用于在课堂中收集学生活动、教师教学以及课堂中的互动数据。通过这些数据,可以了解学生的认知结构、学习风格等,有的放矢开展教学,帮助学生有针对性地学习知识、技能。教师根据学生发展的实际情况,按照各科的课程标准,遵循教学模式,准确把握教学目标和教学内容,细化教学流程,追求新课堂教学知识与技能、思维与方法、内容与形式、目标与结果的高度结合,最大限度地让学生获取认知。

(2) 双师教育。双师教育有多种不同的解释,在数字化教育改革阶段指的是通过通信手段,将远方课堂或老师的画面连接到本地课堂,实现两地一课,解决教学资源不足的问题。在智慧课堂环境中,"双师"指人类教师和人工智能教师。人工智能教师基于智能语音系统,搭载学科知识,为学生讲解重难点知识,展示丰富的资源。人工智能教师有两种形态,一种是纯虚拟画面,另一种是实体机器人。在人机协同的智慧课堂中,智能教师负责传播知识,根据学生的反应进行有趣的互动,人类教师则根据学生的实际问题配合答疑解惑。加入了智能教师的智慧课堂提高了学生的注意力,也减轻了教师负担。

(3)虚拟教学环境。虚拟教学环境涵盖虚拟现实、增强现实、全息投影等多种技术。当下我国学校不乏充满体验感、丰富有趣的虚拟教学环境。以虚拟现实为例,虚拟地理教室、虚拟现实历史、虚拟生物教室可以让学生体会到自然环境,感受到历史发展的背景,更好地帮助学生理解知识背后的前因后果,在亲自体验中构建认知。虚拟物理化学实验室让具有危险性的物理化学实验能够轻易地实现,一套虚拟设备节省了物理化学实验资源,减少了环境污染和操作危险性,也让学生能做更多现实中难以实现的实验,或者帮助学生理解现实中抽象的概念。

4.6.3 智慧课堂教育装备案例

1)智能坐垫

课堂教学中一直以来是学生坐着听讲,人的坐姿千变万化,不同的坐姿可以反映人的不同状态。智能坐垫根据人体坐姿判断学生状态,为教学决策提供依据。智能坐垫利用压力和光纤传感,检测学生的心律、坐姿、呼吸等数据,便于教师了解到学生是否疲劳,注意力是否集中等信息,及时调整教学策略和内容,提高学生的注意力水平,促进轻松而有效的学习。在学前教育阶段,智能坐垫可以通过提示和形态调整,帮助孩子纠正不良体态,使低龄学生学会正确的坐姿。

2)全息体育教室

体育课一度需要在操场和体育场馆进行教学活动,如今在一间智慧教室内就可以进行。全息互动技术可以将各种类型的体育运动搬进教室,利用光影技术和人工智能算法让学生和整个教室进行互动。通过完成不同的动作任务,学生在获得乐趣的同时锻炼相应部位的肌肉,发展肢体协调性和稳定性。在全息教室可以实现12个功能训练,配合训练工具与游戏能做到超过100多项训练,比如攀岩、登山、篮球、足球、排球,甚至射击等。在游戏化、沉浸式的活动中,学生提高了训练的积极性和训练的质量,在轻松的状态下提升了身体素质。

4.7 智慧校园

4.7.1 智慧校园

智慧校园是基于物联网,将管理、校园生活、教学、科研融为一体的环境[89]。智慧校园提供校园和社会、校园和个人、校园和信息互感互知的接口,其中校园的含义既包括物理上的装备,也包括虚拟的数据信息和活动信息。智慧校园一方面为校园的主体——师生以及管理和工作人员提供个性化角色服务,在他们各自常常活动的领域中实现信息的协作共享;另一方面也推动校园和整个社会环境沟通交流,提高效率,促进发展(见图4-10)。

智慧校园

学习与教学　校园生活　治理与工作

[link 智慧课堂]

图4-10 智慧校园功能概念

智慧校园主要依托各种智慧化的教育装备,这里我们暂且称之为智能校园装备。智慧校园装备的主要技术正是物联网及其拓展相关技术,如大数据、云平台等。如果说智慧教育的特征是开放、共享、交互、协作、泛在,那么为之服务的智慧校园装备就要能够提供相应的教学环境感知监控、师生活动数据收集、面向学习服务、精准学习以及个性化发展的数据分析和推荐等,这一部分也将在后面的智慧课堂一节中具体介绍。智慧校园装备可以让我们的生活更加便利,在物联网、智能技术的帮助下,智慧校园通过统一的网络环境和标准化的入网设备实施提供着环境信息,比如图书馆预约、校车实时状态等。智慧校园的信息平台就像是一张统合了所有网络信息的巨网,让原来分离在各个部门网站的资源从一个渠道就可以轻易获取。更多内容可以参考表4-14。

表4-14　智慧校园装备主要内容[90]

智慧校园装备维度	主要内容	服务对象	具体描述
校园治理	标准和建设规范	——	保证系统之间信息交换有序,为不同角色授权对应的信息。确定有效编码体系,保证智慧校园的运行和秩序
	网络监控与管理	管理者	对多样化和多层次的网络信息与环境实施监控和管理,融合平台服务,提供一体化平台
	共享数据库	师生、管理者	统一身份认证以及综合信息服务,综合原有分离状态下的网站信息,整合异构的网络资源,提供协作型高效的数据服务环境
校园生活	基础设施	师生	建设统一的无线末端接入方式,统一网络环境覆盖,进而实现信息互联以及泛在信息接入
	综合校园卡系统	师生	使得一卡通具有身份标识、认证和多样消费为一体的能力,手机终端与校园卡互联,实现智能手机可以一定程度上与校园卡功能互通
学习和科研	物联网应用项目	师生	物联网在相关应用技术影响下,可以实现校园环境监管,促进绿色低碳发展,实施感知仪器设备状态开展远程实验,对固定设备和移动设备跟踪,感知教学场景数据
	虚拟校园环境	师生	把真实的校园虚拟化,使用户在虚拟空间中体会真实校园的资源、环境、设施,如虚拟实验室等

4.7.2　智慧校园教育装备发展脉络与未来趋势

1) 智慧校园的发展脉络

智慧校园的发展经历了信息化、网络化和智慧化三个阶段(见图4-11)。

信息化发展阶段的主要任务是将传统的纸媒、书籍类的知识资源数字化。这一举措不仅仅是将文字形态的内容变成电子文档,更重要的是将内容转化为服务于不同学习者的音频、视频。除了知识资源,校园管理中的公文文档也尝试采用了电子化的处理方式,但早期由于网络应用不发达,这些文

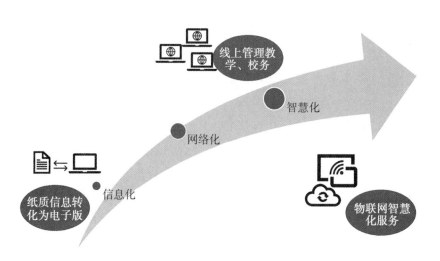

图 4-11 智慧校园发展示意

档大多仍是纸质版。在校园生活中,由于缺乏具有信息功能的设备,大量数据没有得到收集存储或利用。

在网络化阶段,无线网络发展,网络带宽增加,更加开放和多元的网络环境促进了校园网络化发展——知识资源在网络上更容易保存和获取,图书馆更加方便使用和人性化,信息和校园事务可以在对应的部门网站上获取和进行办理。但在早期网络化阶段,校园中也存在严重的信息阻隔问题,特别是在校园中的一些大型服务部门可能因为功能分区产生好几个网站,需要准备的材料及要求需要在多个页面进行翻找,让本来就不简单的业务流程更加复杂。此外,部门之间相似业务信息交流阻隔严重,个人数据在好几个地方存在但是无法集中利用。在校园生活上,出现了很多的信息化的设备,比如水卡、饭卡和门禁卡等,生活复杂度也在提高。

到了智慧化阶段,由于物联网、云计算的应用,基础设备通过统一无线接口实时收集感知到的环境数据和人的活动信息,同时出现了大量便捷好用的终端应用,帮助师生实现线上学习、工作协作;在校务管理和服务中,技术手段可以将学校范围内的网站资源和服务进行重排整合,提供更加便捷的服务,提高了校园管理水平;在校园生活中,越来越发达的智能手机和应用程序可以让师生随时随地了解学校各种实时信息,参与虚拟学校活动,丰富校园文化提高校园生活体验。

2）智慧校园教育装备的未来趋势

智慧校园的建设是一个长期演进的过程,所有智慧校园装备都应当具有实用性、融合性以及开放可迭代的特征,以便于适应信息时代飞速的发展进程。

智慧校园发展中需要注意和规避以下一些问题。

如何判断这是真智慧还是披了智慧外衣的数字校园? 很多时候人们认为把零散的信息统整起来方便取用或者收集到了更多物理环境的活动数据便是智慧,但实际上,这仅仅是实现智慧化的前奏,或者说还停留在数字化校园的一个高级阶段。真正的智慧校园应当具有智慧性的监测能力,分析能力甚至是自动化的处理能力[91]。

智慧校园建设为了谁? 智慧校园建设的目的是促进教育现代化发展,其根本仍然从属于教育的大目标——人的发展[92]。因此智慧校园仍然是一个培养学生场所,要承担更多服务于培养学生的知识、能力,使其幸福快乐的责任。智慧校园应当参考并解决当下各阶段教育中的问题,比如学生压力过大,学生培养方式生硬等,利用多维度信息监测手段,对学生学习行为和认知进行分析,预测学生可能的需求,诊断学习过程中的问题,推荐个性化和精准帮助,让学生在了解认识自己的情况下,做适应性发展,进行更加轻松的学习。

纵观时代逻辑,智慧校园的未来发展趋势就近来说是基于人工智能的智慧校园。随着机器学习、自然语言处理等技术和计算机算法的成熟,智慧校园的感知环境将更加即时和全面,海量数据存放后经过分析产出更加合理的决策。智慧教育服务功能更加多元化,教育机器人在心理疏导、低龄儿童学伴等方面将发挥作用,在口语训练、文字类型测试题中也会提高判分效率,减轻老师负担。智慧教育将利用虚拟和增强现实技术,让学生更加深刻地体会到抽象原理;借助情感计算,辅助教师判断怎样的教学策略更有助于提升学生注意力、兴趣以及态度;运用机器学习对学习活动中的数据比如答题轨迹、认知图谱等进行分析,从中发掘教育规律,助力精准学习[93]。

4.7.3 智慧校园教育装备案例

以上说到的部分智慧校园技术有一部分仍然是不成熟的,相关领域的学者都在以极高的兴趣开展研究。而接下来我们将介绍生活中已经广泛应用的智慧校园装备案例。

人脸识别报到和打卡测温门禁系统。曾经的学校每到新学期开学的时候,缴费处、报到处、领书处人流拥挤,大排长队,还容易出错。现在由于人脸特征、身份信息和一卡通进行绑定,只需要在特定的报到机上刷卡扫描面部,识别成功即为报到成功。除此之外,新冠疫情一度让体温监测和门禁成为一个不可分割的事情,于是有了测温门禁系统,学生必须同时满足体温正常和有通行许可的条件才能够进入校园。

食堂、浴室人流量查询。受到外卖产业的影响,校园的食堂也在发生进一步变化。只要在小程序上翻一下就可以了解到食堂今天有什么菜、所用食材的溯源信息、现在吃饭的人是不是很多等情况。有些学校的系统中更是增设了膳食推荐系统,促进学生健康饮食,好好吃饭。图4-12为某大学浴室人流量查询系统。

图4-12 某大学浴室人流量查询

预约功能。很多时候，有限资源需要在一个更加有秩序的环境中使用，比如宿舍的洗衣机，图书馆珍藏的书籍以及教室、自习座位等。过去我们没有办法事先知道这些需要使用的设备的情况，很多时候费力气跑到实地结果还是被人抢了先，浪费了很多时间和精力。在智慧校园系统中，我们可以直接打开手机查看想要预约的洗衣机、座位、研讨室等，并且选择合适的时间，遵守使用规则，方便下一个人使用，不让公共资源被浪费。图 4-13 为某大学会议室预定系统，图 4-14 为图书馆座位预订界面。

图 4-13　某大学会议室预定系统

图 4‑14 某大学图书馆座位预约

了解了以上有关智慧校园建设内容,大家应该可以感受到校园环境的便利和智慧。未来智慧校园的蓝图已经越来越清晰,我们也将通过自己的创造力和专业知识去营造更加适合教育的校园。

4.8 寻找校园里的新兴教育装备

4.8.1 搜集新兴教育装备

相信校园中已经有一些新兴教育装备了,请参考表 4‑15 完成对这些新兴教育装备的分析。

表 4-15　新兴教育装备产品分析

任选一个主题,搜集该主题下的新兴教育装备产品,对产品进行探究和分析。了解他们的优缺点,总结优秀的教育装备产品的特点。

名称	功能	优点	缺点	其他

分析总结:

4.8.2　新兴教育装备课程设计

　　教育装备和课程开发应当是一体化发展的,只有一线老师对装备的使用足够熟悉,才能推动教育装备的真正落地使用。根据本章内容,请你设计一节利用新型教育装备的课(参考表 4-16)。

表 4-16　使用新型教育装备的教学设计

_____课程设计
你可以使用文章中提及的任何一个应用知识点作为教学内容,请务必给出你的教学对象,分析教学目标和学习者特征,再开展教学。 一、课程主题
二、学习者分析
三、教学目标

（续表）

课程设计
四、教学重难点分析
五、用到的资源和材料
六、教学过程
七、课后活动
八、微格反思

4.8.3　给新兴教育装备的建议

通过本章的学习，我们认识到，无论是一线教师、教育管理者、家长还是企业的产品研发者，都应该加强对新兴教育装备的关注。也正是因为是新兴的产品，必然存在着一定的不足之处，会在用户的使用中逐渐显现出来。请根据你的实际使用体验，给出产品改进建议，并尝试寻找渠道提交你的建议（参考表 4-17）。

表 4-17　给新兴教育装备的建议

产品名称	使用场景	改进建议

第 **5** 章　教育装备管理与实践

　　教育装备往往是配合教学而展开的,一类是自上向下的需求,如统一规划需要一种新的授课形式,现有设备不能满足需求,因此,需要采购新的教育装备;另一类是自下向上的需求,教师希望上好某一门课程,发现学校现有设备不能满足需求,需要采购新的设备。教育装备一般涉及研发企业和使用学校两方,从校方的角度来看,需要考虑的就是教育装备的管理与实践。管理的基本流程是:产生需求—采购教育装备—培训教师—投入使用—产品维护。

　　在学校教育装备建设过程中,如何用好教育装备,让各种教育装备在其全寿命周期中发挥最大的价值和作用,关乎国家资源的有效利用,关乎教育质量和教学质量的真实提高。教育装备的管理在各单位都应当受到重视,各单位应将提高教育装备的管理效率和质量作为首要目标。

5.1　教育装备管理概述

　　教育装备管理是指教育装备的所有者或代理人、代理机构(即使用者、管理者、生产者、研究者以及相关政府规划部门)为了提高教育教学效率和效益,在其所管辖的范围内,对教育装备生命周期内的各个阶段、环节——装备的设计、生产、规划、建设、使用、维护、淘汰等有计划地进行组织、协调、监督的一系列活动[94]。

　　因此教育装备管理的主体是装备的所有者或代理者,包括使用者即教师、学生等,管理者如实验室管理员、校方负责领导,也包括装备自身的生产者、研究者(见表 5 - 1)。这里提到相关政府规划部门也属于教育装备管理者,这是和我国的教育装备管理模式密不可分的。在前面介绍教育装备标准的内容中,我们了解到在英国等西方国家,教育装备受到市场的监管,而我国的教育装备监管模式一般为"省市级统筹,各区指导,学校自主管理"。我国教育装备行政管理主体比较复杂,基础教育装备管理和高等教育装备管理分离,基础教育二司的技术装备处负责基础教育装备管理,从事中小学教育装备投资、建设工作。高等教育装备的管理一般是学校自己决定并向上级备案,全国高等学校实验室管理工作研究会对高等教育装备管理进行指导和规划。除此之外,教育装备配套教学资源建设、软件开发、人员培训等由中央电化教育馆负责;教育装备生产的规范和产品目录管理规范由中国教育装备行业协会负责;教育装备理论、政策以及技术的研究和开发,教育装备标准化、质量检测、咨询以及培训等方面的工作则由教育装备研究与发展中心负责。

表 5-1　教育装备的管理

管理主体	教育装备全生命周期	管理活动
生产者 研究者	设计 生产	组织
教育机构 教育行政部门	规划 建设	协调
教师 学生 代理机构 行政部门	使用 维护 淘汰	监督

教育装备管理的内容主要分为项目管理、日常维护、标准化管理以及绩效测评四个方面。

1）项目管理

项目管理包括对学校的教育装备进行合理评估,然后根据需求组织采购配备等事宜。也就是说,如果要引进新的教育装备,需要管理者依次进行需求上的调研、分析以及需求管理,获得批准后走采购阶段的流程,直到项目签订,最后通过质量、功能以及技术指标等方面的验收后完成项目管理。在后面的章节中本书会介绍这些步骤的具体流程,比如对装备的采购。

2）日常维护

采购的教育装备在验收通过后，方可投入日常使用。教育装备的日常管理工作包括技术保障、装备造册、维修与抢修等内容。

在日常教育装备管理中需要对教育装备的寿命周期有一个初步认识。装备的使用寿命和使用方法、使用频率、使用环境等都有关系。比如在内陆地区生产的教育装备在沿海地区使用的时候，如果设计和生产过程中没有考虑到空气盐碱度的影响，可能装备会很快遭到腐蚀导致使用寿命缩短。

在大量实践中人们发现了教育装备的故障发生率和时间的关系，如图 5-1 所示，故障发生图又称为浴盆曲线。教育装备的整个生命周期可分为三个阶段，第一阶段为早期故障期，造成早期故障的原因包括材料缺陷、设计制造质量差、装配失误、操作不熟练等。在这一时期，由于新用户对教育装备缺乏足够了解，在使用中会因经验不足导致故障率激增。随着用户对装备了解程度提升，故障率也随之迅速回落。第二阶段被称为偶发故障期，这一阶段的特征是教育装备的故障率整体较低，使用状态稳定，偶尔由于维护不到位或操作失误造成故障，此时是浴盆曲线的底部，也被认为是最佳工作期，整个阶段时长被称为装备使用的有效寿命期。在有效寿命之后由于耗损，教育装备的故障率出现拐点，进入耗损故障期。此时故障率会急剧升高，直到磨损过于严重导致装备淘汰。在管理中，人们有时也会通过维修、更新零件等方式，减缓教育装备在耗损故障期耗损速度，延长其使用寿命。

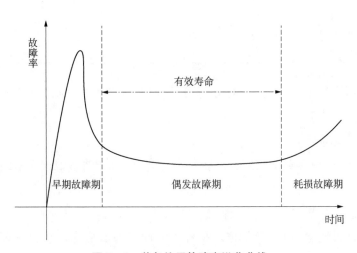

图 5-1　装备使用故障率浴盆曲线

3）标准化管理

教育装备标准化管理涉及标准分类、教育装备配备标准制订、教育装备元标准制订以及对基础教育相关标准进行统计等。标准一般由国家授权的标准制定委员会邀请各领域专家学者制定。比如教育技术装备标准由教育部教育信息化技术标准委员会负责制定。该组织负责全国教育信息化教育技术相关标准的研制，标准符合性测试认证和标准应用推广工作，以及对口承担我国教育信息化在国际标准化组织 ISO 与 IEC 联合成立的第 1 技术委员会第 36 分技术委员会（ISO/IEC JTC1 SC36）的国际标准化工作。

4）绩效测评

教育装备绩效测评研究方法包括测量与评价原则、调研问卷设计、测量变量选择、测量的数据处理、装备管理评价指标体系建立以及一些具体的管理问题。例如，用户周期费用的最小值求法、对成本与效益进行的数据包分析、教育装备达标评价预测的算法等。如教育装备利用率可以用于评估教育装备在教育教学活动中的情况，一方面其是教学活动开展以及进行研究活动的证明；另一方面用它来监测教育装备是否闲置或者过度使用，以暴露教育过程中的问题，供教育决策者参考，采取行动予以调整。

对于教育装备的绩效测评还没有统一的国家标准，一些学者根据自己的研究方式制定了相关的绩效测评体系。如陈丽娜根据教育装备的教育性、实践导向性、科学性、一致性与完备性原则，结合专家调研结果，构建了教育技术装备绩效评价体系。

表 5-2　教育装备绩效评价指标体系[95]

一级指标及权重	二级指标及权重	依据或判别项
装备性能	技术先进性	专家判别等级，分四个等级
	教育适应性	专家 + 教师判别等级
	易操作性	专家 + 教师判别等级
	功能效果	教师 + 学生判别等级
	系统稳定性	专家 + 教师判别等级
	机械稳定性	专家判别等级
	设备寿命	以装备本身质保期或更新淘汰年限作依据评定

(续表)

一级指标及权重	二级指标及权重	依据或判别项
装备效能	教师满意度	教师评定等级
	学生满意度	学生评定等级
	教师工作效率	教师评定等级
	学生学习效率	学生评定等级
	使用频率	年使用次数
	功能利用率	教师+学生判别等级
	次服务人数	装备运行一次可服务人群数量
装备成本	建设成本	调研实际评价装备各项成本确定。装备成本＝建设成本＋使用成本＋维护成本＋管理成本
	使用成本	
	维护成本	
	管理成本	

学校教育技术装备管理工作是实施素质教育,培养创新人才,促进学校教育科学、和谐、可持续发展的物质基础和重要途径。学校教育技术装备的管理与应用效果直接反映学校教育办学水平,影响教育质量[96]。学校教育装备管理的目的是"提高教育教学效率和效益"。在学校教育装备管理中,一些新的教育装备由于培训服务缺失或者不到位,没有人会用,导致新装备被搁置乃至报废;又有部分教育装备,比如计算机实验室,由于维护不到位无法提供正常服务,导致教学质量下降。因此教育装备管理要避免以上问题的发生。

教育装备生命周期中,主要环节包括装备的设计、生产、规划、建设、使用、维护、淘汰等。其中装备的设计、生产由生产者和研究者负责,规划、建设由教育机构和相关政府部门共同负责,而在学校中的管理主要涉及装备的使用、维护和淘汰三个部分。同前所述,为了实现对教育装备的高效使用、调配与维护,就要对其规格数量、价值、使用效率、维护、淘汰、报废等信息周期性记录并以动态数据形态纳入系统。有了这些数据作基础,管理者才能进一步对教育装备的投资建设、系统规划、绩效分析、效能利用等做出更佳决策。

　　我国教育装备行业市场近年来飞速发展,这主要得益于学生需求的增长、教育产业化的完善及政策的支持。未来行业规模将更加庞大,将有越来越多的企业入驻教育装备行业,诸多高校也会踊跃投入教育装备的设计与技术攻关当中。

　　近年来,政府与社会各界积极促进社会教育相关机构与互联网企业进行交流,按照需求,各取所需,开发数字化教育装备,提供优质的互联网教育服务,研究互联网＋教育的新模式,推进开展学历教育在线课程资源共享,扩大优质教育覆盖面,促进教育公平等。随着教育信息化的发展,社会对先进教育装备的需求逐渐增加,国家对教育装备的重视投入程度不断提升。

　　中国教育投资区域发展不平衡,一线城市融资数量领先。经济发达地区教育重视度较高,教育需求旺盛,市场较为开放,更容易吸引教育创业企业。以北京、上海和广州为例,它们作为经济发达的城市,拥有雄厚的经济实力,对于教育装备行业高度重视,在教育装备方面支出较多,企业在这些地区的行业融资比其他地区相对多出很多。

　　中国教育装备网整理的教育装备行业 2020 年招中标信息[97]数据分析如图 5 - 2 所示。

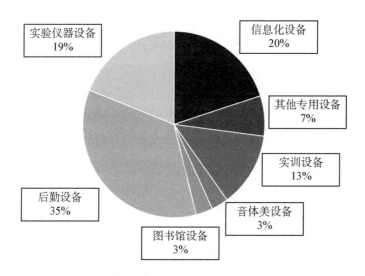

图 5 - 2　教育装备行业招标信息设备类型占比

地区不同,教育装备招标信息量也不相同,一般来说,经济程度越好,教育装备行业招标信息越多(见图 5-3)。

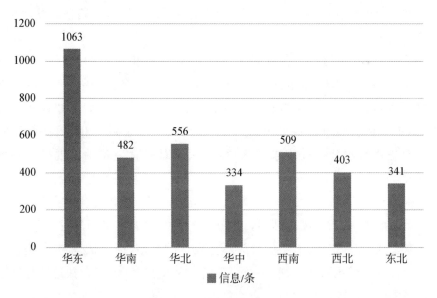

图 5-3 区域招标信息统计

招标信息所分属的领域统计如图 5-4 所示。

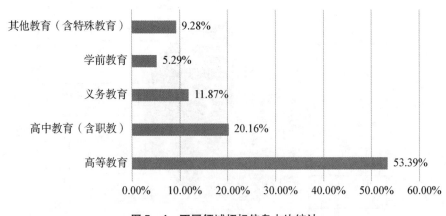

图 5-4 不同领域招标信息占比统计

以上统计结果表明,在教育装备类别信息量中,后勤设备占比最高,音体美图书馆设备占比最低;在区域教育装备招投标信息量中,华东地区处于领先地位;在招标信息分属的领域中,高等教育占比最高。

5.2 教育装备的采购

5.2.1 获取教育装备信息

随着教育行业的不断发展,教育装备市场在不断地扩大,教育装备行业也逐渐成熟,这时就需要展会这样的平台来引领技术前沿,交流海内外先进教育信息化理念,展示各类教育装备的新技术、新成果、新产品。近些年,各种教育装备展会层出不穷,教育工作者、科研工作者与教育装备生产商利用这一方式相互碰撞,交流经验,促进了教育行业与教育装备行业的科学发展。教育装备展会不仅提供了展示新型教育装备的场所,也及时报道了现代教育装备与技术的发展动向,满足了现实教育的发展需求。

总的来说,教育装备展会的功能包括:呈现领域行业现状与热点,引领趋势;实现教育行业与教育装备行业需求供给的精准对接,提供供需双方合作共赢的平台;提供多元交流,多维度解析产业链的舞台;深度聚合,助力校企交流合作。

国内外以多种形式召开教育装备展会,包括专门的教育装备展会以及和装备或教育相关的展会。例如,中国教育装备展示会是教育装备新产品、新技术、新成果的交流中心,集合了教育装备企业与各高校专业采购人员,给国内教育装备提供了极好的平台。此外,该展会还收集、发布国内国际行业信息,是国内高水准教育装备展会。近年来,我国和国际密切接轨,多地举办国际教育装备展会,吸引国外展商来华办展。大家在展会中相互交流,促进教育装备的进步和发展。

表 5-3 教育装备相关展会(部分)

名称	网址
中国教育装备展示会	www.cs-china.org
中国国际教育装备(上海)博览会	www.iee.org.cn
中国南京教育装备及科教技术展览会	www.eduexh.com

(续表)

名称	网址
西北教育装备博览会	xian.ceetshow.com
湖南国际智慧教育装备展览会	www.idmeexpo.com

5.2.2 教育装备的采购方式

1）政府采购及其流程

为了更好地发展教育事业,学校和各级教育机构需要定期或者按需采购教育装备。为了能够发挥教育装备在教育事业中的适用性,采购过程必须遵守严格、专业的流程,严肃考量各项政策、技术标准、行业标准等,是一个专业程度较高的工作。我国的教育装备采购使用政府采购的办法。政府采购指国家各级政府为从事日常的政务活动或为了满足公共服务,利用国家财政性资金购买货物、工程和服务的行为。政府采购实质是采购政策、采购程序、采购过程及采购管理的总称,是一种对公共采购进行管理的制度。

《中华人民共和国政府采购法实施条例》[98]中提到政府采购一般有五种方式——公开招标、邀请招标、竞争性谈判、单一来源采购和询价。其描述如表5-4所示。其中公开招标是最为常用的一种采购方法,过程较为严格,其具体流程将在下一部分进行介绍。

表5-4 政府采购办法

名称	内容	适用情况
公开招标	按照公开招标流程（见表5-6）	邀请不特定供应商参与投标
邀请招标	资格预审;提供资格证明;邀请投标	（1）当装备具有特殊性,只能从个别供应商处采购 （2）和采购总价值相比,公开招标方式的费用占的比例过大
竞争性谈判	成立谈判小组;制定谈判文件;确定名单;谈判;确定成交供应商	（1）公共招标不成立的 （2）由于复杂或特殊,尚未确定价格和要求的 （3）用户紧急需要,不宜走招标流程的 （4）不能事先计算出价格总额的

(续表)

名称	内容	适用情况
单一来源采购	采购人与供应商应当在保证采购项目质量和双方商定合理价格的基础上进行采购	(1) 仅有唯一供应商 (2) 因紧急情况没有其他货源的 (3) 有货源一致性或者服务配套的要求,而添购的,其中添购资金总额不超过原项目金额百分之十
询价	成立询价小组;确定供应名单;询价;确定成交供应商	需要货物在市场范围内规格标准统一,货源充足,并且价格变化幅度小

公办学校教育装备采购流程如图 5-5 所示。在采购过程的开始,采购单位根据学校实际情况,结合资金预算,向市教育技术装备处上报采购计划。市教育技术装备处对采购计划、采购需求学校进行考察和审核,对不符合要求的计划驳回,符合要求的采购计划进入下一流程。采购单位将采购需求加盖学校公章上报市教育装备处,一份由市教育装备处确认,另一份由当地教育局财务审计处审核,通过审核后从教育局财务审计处上报当地财政局采购办。采购办再次对学校采购需求进行审核,通过后下达采购计划至当地采购中心。接下来采购中心与采购单位即需求学校对接,进入招投标流程,包括编制招投标文件、根据实际情况选择最合适的采购方式进行采购。采购方式为表 5-4 中五种采购方式之一,具体招投标步骤将在下面的内容中详细介绍。招标结束之后,采购单位将中标标书制成两个副本上交市教育装备处存档用于后期验收。最后,当设备经过安装、调试和审核之后通过验收,交付结束,完成采购。

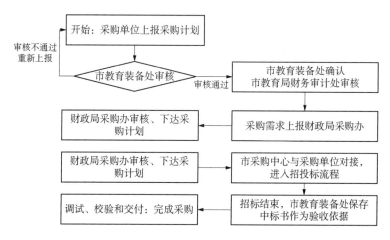

图 5-5 教育装备采购流程

（1）教育装备采购中的常见问题。

随着教育装备技术的进步和内容的极大丰富,教育装备采购工作的难度也随之增加,在采购过程中可能出现公平公正性下降以及教育经费使用效率低下等问题。教育装备采购中的问题主要有以下几点。

采购计划不合理,需求不匹配。对于采购需求申请的拟定者、审核者来说,如果缺乏一线老师的认真参与,需求调研不到位,就会造成书面需求与真实需求不对应、有疏漏等问题,直接影响采购产品的有效性和适用性。要坚持"好用、够用、实用"的原则,在初期拟订采购计划时做到深入调研、充分论证,掌握最真实的需求信息。

内外监督制度不合理。采购过程中的内部控制环境如果随意性较大,会产生贪污行为,不公正办事,造成行业恶性竞争、拖延时间以及浪费装备资源等严重后果。教育装备采购应按照"先预算、再计划、后采购"的原则,细化采购流程,明确职责和分工,建立风险评估机制,健全内部环境和外部监管,让采购在严格严肃的科学环境中进行。

合同履约和验收环节不严格,项目成果不达标。招标中的中标方承诺的结果不等于最后交付的结果,因此校方在采购过程中需要仔细对比斟酌研究产品的质量、寿命、在教学中的适用性,以及供应商的信用、能力和绩效等指标,制订尽可能详尽的采购合同和验收指标要求,确保供应方严格按照合同履约,直至验收合格予以交付,同时保障装备的使用在初期培训、中期维护以及后期遇到问题时都可以有相应人员解决。

（2）政府采购的必要性。

强化政府集中采购具有非常重要的现实意义。第一,可以降低资金成本,减少开支。如果教育装备能够批量采购,学校就可以以更加优惠的价格获得装备,从而提高资金使用效益,节支增效。第二,可以更为直接地使相关部门参与对教育装备采购工作的指导和监管过程,一方面督促采购单位依照法律法规和既定程序实施采购流程,另一方面为项目的结果提供更加严格和有力的验收保障和后期服务。第三,能够统筹资金预算,充分对购置内容和资金分配进行考察,避免了独立采购的盲目性,减少浪费,同时尽量避免不合格教育装备流入校园[99]。

2）招标和投标

（1）招投标操作程序。由于教育装备一般有多个不特定供应商,为了能够创造公平公正的竞争环境以及确保采购到具有教育适用性和质量相对上乘的产品,公开招标为最为常用的采购方式,其操作程序如图 5-6 所示。其中,采购人及采购代理机构负责组织评标工作,采购人及采购代理机构依法组建的评标委员会负责具体评标事务。投标过程应当将文件密封提交,开标时由投标方(投标人、代理人或者代理机构)检查密封性,招标人员当众拆封,宣读投标人名称、投标价格、备选投标方案以及其他主要内容,接着由评标专家集中讨论对比评标。

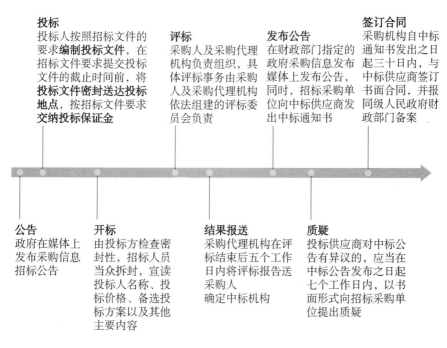

图 5-6　招投标具体操作流程

（2）采购中的注意事项。要严把技术参数关。既要最大限度满足教学需要,又不能因配置偏高,造成资源浪费。一般招标文件中都会给出明确的技术指标,指导投标者有针对性地准备投标文件,帮助评标者做出判断和取舍。

要重视产品的性价比,同等价格下,质量优者胜;相同质量下,选取价格低者。另外要注重后期服务,教育装备完成交付后是否有前期培训、中期维护以及后期检修等服务,应选取服务体系完善,信誉度高并且稳定的公司。

应由招标代理机构和建管部门从省、市级以上专家库中随机选聘评标专家,以确保评标过程公平、公正。

警惕供应商恶意低价竞标，导致最后合同无法履约，因此质保金比例要适当提高，设置合理付款方式。

为了保证后期效益，防止成品偷工减料达不到样本质量，要及时封存投标样品，让供应商接受社会监督。

在开标前务必注意保密工作，招标采购单位应当采取必要措施，防止恶性竞标，在信息公平的基础上，保证评标在严格保密的情况下进行。

5.3 教育装备管理现状与问题

5.3.1 信息化管理方式

1）二维码标识管理系统

二维码是一种二维平面方向上黑白相间的码符，具有范围广、密度高、可靠性高、容错能力强等特点，在信息社会发挥着重要作用。为教育装备附上二维码，其就相当于有了自己的身份证。管理者可以更加轻松地追溯教育装备的来源，环环相扣更新数据，实现了一定意义上的"物联网"功能。近年来在教育部教育管理信息中心提供技术支持，教育部教育装备研究与发展中心执行下，教育装备二维码标识管理系统在部分地区进行试点，对提升基础教育装备管理信息化水平，创新教育装备质量管理机制，规范基础教育装备产品的使用和管理发挥了重大作用。和食品溯源系统类似，二维码标识管理系统在教育装备生产、经销、采购、使用等环节发挥着重要作用，帮助生产商、经销商、采购员、学校装备管理员、具体使用装备的学生和老师了解装备的详细情况。教育装备二维码标识管理系统主要业务流程分为企业管理、产品管理、合同/资金流程管理、赋码追溯管理。具体流程如图5-7所示。

第一步是企业管理。企业管理阶段先由生产商、经销商在平台上为教育装备注册，录入电子文档资料，系统判定资料符合规定后交付省级装备管理部门备案，最终升级形成企业库。教育部可以进入系统将教育装备的产品信息汇总成全国教育装备企业库。

第二步是产品管理。这一步首先由教育部对产品的分类进行维护，比如

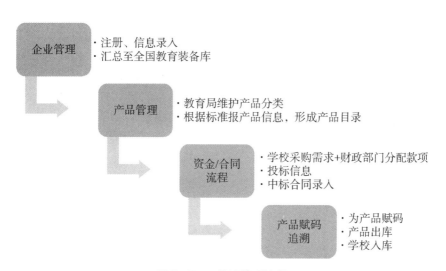

图 5-7　二维码管理流程

产品定义为一物一码还是一批一码,再由生产商根据分类定义录入本企业的产品信息,包括规格属性、生产批次等。信息分别经过省级产品目录汇总和全国教育装备产品库汇总,最终形成教育装备信息化管理的基础信息。

第三步是资金/合同流程管理,即教育装备的采购过程。这一环节首先由财政部门在系统中录入各级财政拨款金额,分配款项,下级教育装备部门在平台发布投标信息,线下进行招投标采购的一系列流程。中标后生产商或经销商与发布招标信息的教育装备部门签订合同,录入合同信息,之后经销商开始根据合同生产或者配置装备,直到完成验收。

第四步是产品赋码溯源管理,这一步和上一部分有交叉。学校在平台系统中发布其采购需求,便于精准采购。生产商在产品出库时要对产品进行赋码,接着码随物走,待学校验收入库完成后,信息将由学校管理者进一步完善。

2) 基于 RFID 技术的教育装备管理信息云平台

RFID(Radio Frequency Identification)技术是一种非接触式的自动识别技术,在无人工干预下,可通过射频信号识别高速移动的设备,并自动识别多个标签,迅速获取相关标签设备的数据,具有零接触、精度高、速度快、可重复使用、抗干扰等优良特点。RFID 由三个部分组成——无线装置、阅读器和电子标签。目前阅读器可以连接 PC 端也可作为终端,通过手持阅读器记录和更新数据信息到云端系统,系统应用软件主要用于记录阅读器对于电子标签信息的读写过程,并对收集的信息进行统计、整理。

教育装备管理系统整体结构如图5-8所示,分为五大部分。该系统可以让学校在统筹管理时轻松收集盘点仪器信息、资源信息、教育装备使用状态、教学场所信息等。上级在进行年度数据统计时直接从数据库中调取当下信息即可,大大提高了统计的精度,减轻了统计的复杂度。对于教育装备工作者来说,工作职责就是常态化更新信息,根据装备的状态进行库存管理、维修、盘点、报废、采购申报、调拨调账等。

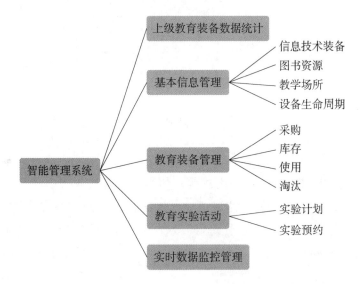

图 5-8　基于 RFID 的教育装备管理信息云平台组织框架

在实验室管理中,由于实验室的设备数量多,种类复杂,管理困难,有必要基于设备的 RFID 建立实验室环境中的门禁管理系统、设备日常管理系统和环境监测系统,实现进出入管理、快速盘点设备、环境监控、实验预约等功能,提高实验室使用效率以及实验室安全水平。

5.3.2　教育装备管理中存在的问题

1) 教育装备管理机构众多

教育装备管理机构在教育装备管理主体中已经有过介绍,通过之前对教育装备标准以及教育装备采购等内容的介绍可知,我国教育装备管理机构众多,随着装备形式的丰富,很多时候难以分清一些复杂的装备管理关系,这对装备管理工作的效率造成了困扰。因此有必要对教育装备管理制度做进一步改革,让教育装备工作者真正为教育工作。

2)教育装备统计问题

教育装备的统计关乎教育装备的使用效率和未来规划,是教育装备管理工作中一个十分重要的部分。然而在学校教育装备环境中,由于教育装备数量众多,依靠人工很难实现短周期内的动态数据收集,更不用说相关管理人员可能还要兼顾问题装备的维修、淘汰,甚至还有自身的教学或者行政工作。目前各学校对教育装备的统计通常为一年一度,且只有产品名、规格、价值等几个静态不变的数据。为了及时更新数据,人们也提出了如 RFID、云平台记录数据等方式,但仍需要相关制度搭配新工具的使用才能做好统计工作。除此之外,教育装备的数据问题如数据孤岛问题,很多地区或者学校会建立自己的管理系统,尽管这些系统看起来能够满足当地的管理需求,但从宏观角度来说,一个一个的数据孤岛形成了难以沟通的数据鸿沟,给整体管理造成了很大的麻烦。因此在教育信息化的进程中,有研究者提出将教育装备数据纳入教育大数据和云计算的管理范畴下。

3)教育装备人才培养

要做好教育装备管理,就需要管理者具备专业知识,了解多数装备的性能以及使用方法;具有管理实践能力,能够规划校园装备使用方案,对教育装备实现合理调配,与时俱进地顺应教育装备发展趋势,促进学校教育装备的现代化;具有教育教学基础以及信息素养,了解教育装备在真实教育场景中的适应性、存在的问题以及解决方法,能够根据信息时代的要求提高教育装备应用管理水平。这些对教育装备人才培养提出了新的要求。

4)学校教育装备存在安全隐患

学校教育装备的检查、维修不及时会造成严重的安全隐患,其中体育设施和实验室设备以及药品是重灾区。比如体育设施松动、锈蚀都有可能造成器械突然倒下或者断裂;物理实验设备很多可能超过使用周期出现漏电事故;化学生物实验设备中也可能由于药品质量或者使用问题造成实验室事故。如果不进行常态化、标准化的检查和维护工作,除了使用者之外很少会有人注意到这些隐藏的安全问题,也许下一个使用者就会成为受害者。这种情况严重威胁学校师生身心健康。

5.4 教育装备的使用与维护

5.4.1 教师培训

从管理的角度看,培训教师的收益是比培训学生的收益要大的。就像"铁打的将军流水的兵",在校园也是"铁打的老师流水的学生"。教师培训可以提升区域教师的综合实力,在未来多年的教学中培养更多的学生。一些教师培训中也会提供配套的课程方案等资料。

教师培训的规模跟采购方案有关,特点如表5-5所示。

表5-5 教育装备对应的教师培训

采购方案	教师培训规模	特点
国家采购	全国统一或分批培训	教育装备技术成熟,有很强的必要性和强制性
区域采购	区域培训或到校培训	试点产品,具有示范性和创新性
校内采购	到校培训或集中培训	具有定制性特色或特殊使用需求的产品,具有先锋性和专用性

5.4.2 投入教学

经过培训后,教师掌握了教育装备的使用方法,并且有针对性地结合教学活动设计使用。表5-6罗列了一些可行的使用方式。

表5-6 教学中的装备

教育装备	教学主题
Surface book	电子相册制作(摄影与后期)
赣教云平台	圆柱体面积公式与计算练习
星图 App	认识天顶与星座
希沃四线三格	英语单词书写
希沃授课宝	英语作文展示交流

5.4.3 教育装备的维护

教育装备通常由硬件和软件组成,其中各个部分都有可能出现不同的故障,针对不同的故障,会有不同的处理方式。

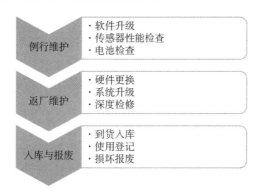

图 5‑9 教育装备维护方式

下面以某平板电脑的维护为例,介绍维护的流程。

表 5‑7 教育装备维护流程

所属维护流程	维护项	负责人
例行维护	电池充电	校内管理员
	资源更新	
	软件升级	
返厂维护	屏幕更换	企业管理员
	系统恢复	
	按键维修	
入库与报废	无害化处理、以旧换新	校内主管

5.5 教育装备管理实践

以建设一个学科实验室为例,完成本节实践活动。

5.5.1 规划学科实验室

活动1:观察学校里你能了解到的实验室,观察他们的布局和管理规定,并思考其存在的原因和必要性;

活动2:一所中学要建立一个新的学科实验室,请你根据之前的学习经验、当下新的技术以及该学科教学需要,尝试:①规划物理环境(见表5-8);②列出需要的实验室装备预算(见表5-9);③建立尽可能科学的实验室管理规定(见表5-10)。与同学和授课老师讨论可行性、存在的问题以及优化方案。

表5-8 物理空间平面绘制

① 某中学某学科实验室物理空间平面绘制

表5-9 采购清单

② 实验室装备采购清单预算表

名称	类别	型号	单价	数量	总价	备注(可附链接)

表5-10　管理与使用规定分析

③　实验室管理与使用规定

5.5.2　认识教育装备

调研现有的其他实验室教育装备信息,观察你的周边,对你每天接触到、看到的教育装备进行分类,对教育装备的情况进行整理,填入表5-11。并同老师交流讨论,尝试计算实验室或者教室设备每学年的利用率。

表5-11　教育装备情况整理

序号	仪器、设备或设施名称	型号	价格(万元)	购置时间	类型	是否加入研发公共服务平台	平均年使用率(%)
1							
2							
3							
4							
5							
6							

对教育装备或者实验室老师开展一次访谈活动,了解装备管理当下的问题,探究造成这些问题的原因,并进行小组讨论交流(见表5-12)。

表5-12　访谈记录

访谈计划:	受访者1	
	受访者2	
	访谈时间	
访谈提纲:		

5.5.3 采购与标书制作

根据前面活动调研,选择其中的一个教育装备,联系一家企业,详细了解其产品并试用。根据使用结果撰写标书准备采购,拟定招标文件,并根据使用的产品和招标文件制作应标文件。

以下以某校智慧校园主题实验室建设中智慧化图书管理系统采购项目为例。

(1)根据问题需求,开展调查,拟定招标文件。

招标文件主要包括以下几个部分。

采购公告:告知采购单位信息,采购项目信息,采购需求,供应商资格要求,公告期限,获取文件的时间期限、地点、方式及采购文件售价,投标截止时间,开标时间及地点,采购项目落实的政府采购政策等信息。

响应人须知:包括说明适用范围和解释项目的总则,采购文件说明,响应文件的编写要点、格式以及注意要求,相应文件的递交方式要求,开标、评审合同授予的说明。

评审方法和评审标准:详细描述评审的判分方法、评分标准、指标权重等信息。

技术需求:包括项目内容一览、技术需求、技术参数偏离表、一般技术需求和技术参数偏离表,这些文件都要另起附件,便于查阅。

运维保障服务及要求:依据具体装备项目的特点和需求制定运维保障服务要求和需求。

响应文件格式:给出需要提交的文件列表,提出必须有的文件信息,便于供应商响应和评审者评标。

(2)投标文件(响应文件)。

制作投标文件最主要的目的就是响应招标文件的要求,与此同时要能够在介绍中体现投标公司的资质、项目基础和能力。因此,一方面要根据招标文件的响应文件格式撰写,另一方面要创造性地体现公司的特点,并且能够在标书中清晰明了地表现公司如何响应文件。投标方一般会制定技术偏离表,方便评委评审。表5-13是招标文件中的响应文件格式需求示例。这样的文件一般会带有附件,在附件中可查阅示例公司响应文件。

表5-13 响应文件格式

名称	要求
响应文件格式	封面
	目录(须有连续页码)
	★一、响应人资格承诺表
	★二、法人或其他组织的营业执照等证明文件
	★三、法定代表人的身份证或法定代表人的授权委托书
	★四、其他特殊资质要求
	★五、国家企业信用信息公示系统的公示内容
	★六、报价一览表
	★七、报价明细表
	★八、采购需求响应偏离表
	★九、详细技术参数
	★十、技术参数偏离表
	★十一、技术参数证明材料,包括但不限于官方宣传彩页、官网截图、检测报告
	★十二、生产厂商的授权书(进口货物须提供)
	★十三、所投设备铭牌照片及机身前、后照片(进口货物须提供)
	★十四、响应产品优势介绍
	★十五、响应产品通过检测、认证的相关证明文件复印件(加盖响应人公章)
	★十六、近三年同类货物(服务)销售业绩
	★十七、售后维修和服务方案(响应人自行编写,加盖响应人公章;若由制造商编写,需加盖制造商公章)
	★十八、其他维修、售后、服务相关说明材料
	★十九、政府采购政策情况表
	★二十、小微企业声明函(响应人)
	★二十一、小微企业声明函(制造商)
	★二十二、监狱企业的证明文件

名称	要　　求
	★二十三、残疾人福利性单位的证明文件
	★二十四、节能、环保产品证明文件
	★二十五、响应人需要提供或说明的其他材料（如有）

5.5.4　教育装备的使用培训课程设计

　　根据设计的采购和管理方案，尝试设计教师培训课程（见表 5 - 14）和学生课程（见表 5 - 15）。

表 5 - 14　教师培训课程设计

教师培训课程		
单元名称	课程名称	授课内容

表 5 - 15　学生课程设计

学生课程		
单元名称	课程名称	授课内容

5.5.5　教育装备的维护流程

设计教育装备的维护规范(见表 5 - 16)。

表 5 - 16　维护规范

装备名称	检查周期	检查指标

设计教育装备的取用和报废规范(见表 5 - 17)。

表 5 - 17　教育装备取用记录

装备名称	领取数量	归还数量	使用事由	领用人

规划产品迭代与意见沟通。根据政策和教师实际教学使用情况,会产生一些建议,可以及时记录和沟通(见表 5 - 18)。

表 5 - 18　产品建议记录

产品升级建议	提出日期	答复

第 **6** 章　教育装备的研发

‑‑

　　教育装备的研发并不只是企业行为,教育装备也不只是商业产品,教育
装备的研发需要教育管理者、一线教师和企业人员共同参与,才能够在研发
中不断迭代,制作出最适合教学实际场景使用的产品。

　　本章主要介绍教育装备的研发目的、研发流程和研发工具等。从教育管
理者、教师和企业等多个视角介绍相关案例,最终带领读者完成教育装备研
发实践。

6.1　教育装备研发概述

　　教育装备研发体系指的是围绕国家教育事业发展规划和改革方向,由教
育装备基础理论研究、教育装备体制政策、教育装备标准研究、教育装备质量
体系研究、实验室教学研究、自制教具研究、教学仪器研究开发、功能教室建
设研究等组成的研究体系。本章主要对和教育教学过程直接相关的教学仪
器设备、教学环境的研究开发展开论述。

6.1.1　教育装备研发主体

　　教育部教育技术与资源发展中心是我国教育装备研发和规划的主体单
位,由中央电化教育馆和教育部教育装备研究与发展中心[100]整合而来,自
1980 年成立以来一直是我国教育仪器设备的研究、检测、信息和培训中心。
由于教育现代化的发展,教育仪器设备逐渐变得复杂,中心几经更名,成为现
在的教育部教育技术与资源发展中心,以体现核心功能的调整。教育部教育

技术与资源发展中心承担着教育装备标准化、质量检测、咨询、培训等工作，也从事教育装备的理论、政策研究和技术开发工作；在教育部指令下，指导学校进行教育装备建设，制订教育装备发展规划，解决我国基础教育装备某些种类的若干问题，提高我国教学实验技术水平和装备水平，为教育事业发展提供技术支持。

6.1.2　教育装备研发主要目的与内容

任何教育装备，其研发都不应当是为了装备而装备，而是要坚守初心，以人为本，坚持以服务于培养全面发展的人为目的的教育而研发和改进。

教育装备研发的主要内容，在狭义上为对教育教学环境场所、教学教具、实验仪器设备等进行的研发，广义上还包括对理论、体制政策、标准、质量体系等内容的研发。本书对教育装备研发的研究针对教育教学活动中的物质内容的研发，即能够优化教学环境和教学方式的相关装备研发，具体研发成效为深化教学内容形式、改造教学方式、支撑优化教学环境等，体现出以生为本的教育特性，如图6-1所示。

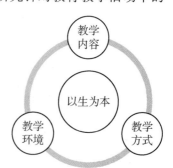

图6-1　本书的教育装备研发内容结构

深化教学内容形式。教育装备包括教育中用到的书籍、课本、资料、补充资源、拓展材料等。在学科维度上，对这些内容进一步研究和发展——删除老旧与时代精神和民族精神不符的内容，删减复杂、高难生硬的资料，用易懂易认知的新内容代替；教学内容的呈现形式不限于书本，而是结合当地特色和信息时代实时技术不断更新，带给学生更加深刻的学习体验；在内容中深化研究和实践，注重培养学生的核心素养以及学科核心素养，注重思维和能力的提升。

改造教学方式。将先进的信息科技与教育实践结合，研发出更加符合学生身心发展、认知发展，更加科学的教育设备。例如电子书包、电子白板、教育或者辅导软件等，提高教学效率和学习效率，减轻家庭教育、课后辅导负担；研究远程教育以及线上教育装备，帮助解决教育发展不均衡与特殊时期教育问题；引入虚拟现实（VR）、增强现实（AR）技术支持下的先进教育装备,帮助学生更好地理解接受抽象事物,对危险实验进行认识和操作等。

支撑优化改进教学环境。具体做法:根据国家标准,缩小地方差异和不均衡发展,关注学生身心健康,改进教室中的照明设备、影音媒体设备、课桌椅设备以及教室布局;根据学生身心发展规律,研究创新锻炼设施、兴趣活动场所;利用物联网、大数据、云计算以及人工智能等技术,打造智慧校园和智慧课堂,对教学环境智慧化改造,服务于教育决策和提高教育现代化水平。

6.2 信息化时代教育装备重点研发方向

教育部《教育信息化 2.0 行动计划》《教育现代化 2035》等文件为我国教育事业进一步发展谋划了蓝图并且为教育信息化规划了实施方案。互联网、物联网、大数据、人工智能等信息技术将进一步促进我国教育现代化。在未来教育发展和建设中,人工智能也将是助力发展的一大力量。未来教育装备的重点研发方向可以总结如下。

6.2.1 智能教育环境装备

为了进一步了解教育教学的过程和规律,在教育教学活动中实现对环境参数主动感知,追踪记录教学过程、学习过程数据,具有分析和决策能力的智能教育环境装备应运而生。具体而言,智能教育环境装备有:①教学智能互动装备,比如当下已经出现的早教机器人、机器人教师等,为学生和老师提供更加丰富的互动方式,促进学生认知和发现学习过程;②环境智能感知装备,感知温度、光线等环境因素并且做出调节,提供更加舒适的环境,也可以对灾害等因素做出报警和预测;③智能学习终端,帮助教师在新型终端中开展教学活动,比如智能电子书包、平板等,教师可以实时监测到学生学习状态并以此为依据给予及时反馈和个性化指导。

6.2.2 智能学习资源

智能学习资源是智能学习体系的重要组成部分。智能学习资源包括智能学科教学装备,比如以具有数字化、微型化、信息化、集成化等特征的 VR

或 AR 探索实验室为代表的学科教学教具或者学习仪器等；又如自适应学习系统，在学科知识库和习题库的基础上，融合知识语义网络、知识图谱等技术，提供资源的自动检索和个性化智能推荐技术支持，帮助学生提高认知水平和效率，提高资源的利用效率。

6.2.3　科创教育装备

随着社会的进步，对未来人才的要求也大大提高。因此 STEM 教育、机器人教育、创客教育等新型教育形式开始成为学校特色教育，服务于此类教育的各种教育套件装备、探索装备以及教学资源成为教育装备研究的新主题。科创教育装备的研发，在我国当下呈现百花齐放的形式，但也存在一定市场乱象。根据学生学段特征和科创教育对应的教学目标，针对性地开发教育装备才是该领域发展的当为之事。

6.3　教育装备研发方法

时代对人才提出的要求在不断革新，学生由于成长环境的改变，其身心发展水平和规律也在不断变化，这就使很多传统的教育装备不再适用。比如传统教学资源对于学生来说不再能起到吸引注意和提高兴趣的作用，旧的教学设施和环境不能支持对学生新能力的培养，过去的教学方法对现在的学生来说效率降低或者不再符合社会价值观。因此未来教育工作者必须具备一定创新研发教育装备的能力和经验，在教育实践活动中不断学习新知识，融合新技术，尝试创新方式方法，在不断的实践和反馈中提高教育装备水平，促进教学质量和效率的提升，推动教育现代化的发展。装备创新只有追上时代进步的步伐，满足时代需求，才能达到装备创新与时代进步的平衡，如图 6-2 所示。

按照教育装备研发类型，教育工作者进行教育装备自主研发创新可以从改进以下三种教育装备，教育教学环境类装备、自主探索型学习装备、辅助类教学工具入手，进行考虑。

教育教学环境类装备。教育教学环境分为物理环境、课堂环境和学习环境。在物理环境方面，研究者可以尝试设计新型活动室、课桌椅、灯光

装备创新　　时代进步

人才要求提高

实践中探索　　学生发展变化

勇于应用新技术　　内容精神变迁

图 6-2　教育装备研发和发展如何实现平衡

温度空气等的控制装备;在课堂环境和学习环境方面,研究者可以设计师生互动的虚拟教学环境,对学生的行为进行反馈,抓住学生的注意力。例如教室智能坐垫群,该系统通过基于物联网技术开发的智能坐垫,对学习者学习行为背后的注意力进行监测、收集及分析,丰富学习分析的数据维度,实现对学习过程和学习者多元化的分析,帮助师生制订个性化学习方案。又如基于虹膜识别的学生签到管理系统,通过对人眼虹膜这一特殊生物特征进行识别,提高签到管理的准确率和效率,辅助班级或学校出勤管理工作。

自主探索型教育装备。研究者可以尝试设计能够培养学生某些能力,在使用中获得特定领域知识的教育装备,使得学生通过教育装备的搭建、探究和再创作过程,掌握某些知识点。代表性的,如基于点猫 KITTEN 和海龟编程的微课程套件、面向中小学生计算思维的培养设计教材与系列微课程、以教育机器人和 Python 编程为基础开发的 AITank 人工智能小车套件。以 AITank 人工智能小车套件为例,学生通过使用套件进行学习和探索,可以增强自身的 AI 体验感,提高 AI 素养。

辅助类教学工具。这类工具主要用于提高教学效率、改进教学方式,比如电子书包。电子书包课堂教学应用的系列软硬件装备研究为电子书包应用于实际教学提供了载体,使之可以实现教学管理、学生管理、班级设置以及课堂互动与数据反馈等功能,也可以实现电子白板和各电子书包终端交互,帮助师生提高教学质量与学习效率。其他辅助教学的工具也包括系统或者软件,比如基于 ZigBee 的地理气温日变化监测及教学系统、基于 VR 技术的自闭症儿童社交技能辅助游戏系统、教育文本情感分析服务平台、基于虚拟现实的生物基因知识科普教学软件等。

除此之外,自主研发的教育装备也包括对学习者探索与引导型装备,比如 EP-Z 系列智能心理仪器。该仪器可用于对个体的感知、注意、记忆、思维、情绪、个性以及职业能力等心理品质的自助式评估与训练。使用该仪器有助于教师客观了解学生心理特点,也可以帮助学生认识自我和开发大脑潜能。结合心理辅导智能测试系统,该仪器可以辅助国内外广大学校开展心理科学普及教育以及辅导训练活动,可以分别测评不同项目的心理指标比如记忆、思维、气质等,并将结果形成综合分析报告建立电子档案。

6.4 教育装备模型研发工具

6.4.1 外观设计工具

外观设计不仅仅是为了美观和舒适的体验,更重要的是作为功能的重要支撑体和功能实现的重要组成部分而实施。为教育装备寻找合适的外观设计方案,以及用合适的材料完成制作是教育装备设计者需要不断打磨的部分。在自主创新中自我实施外观设计的方式有以下几种。

(1)木工与切割。近年来随着一些创客工坊的发展,用于创作的木工工坊也开始在各地流行起来。在木制品设计中一般有两种方式,一种是对传统的整木进行切削刨钉等操作,这需要使用者具有较好的经验技巧,也要懂得一定的榫卯装订原理。另一种是基于现代实验室机床和激光打印技术,使用数字化的手段打好需要的零件模型,由激光打印机对合成木板进行烧写或者切割,之后创作者将获得的对应图案使用工具或者机床取下零件部分进行拼装即可。激光切割有许多开源社区,例如 Laserblock 就是其中的一个,你可以轻松在其社区上下载优秀的设计方案,按需求稍加修改,生成自己的切割方案,当然也可以贡献自己的方案,这就是开源的魅力。图 6-4 为打印作品零件,对零件进行拼接就可以得到成品。

图 6‑3　Laserblock 开源社区[101]

图 6‑4　激光打印零件[102]

（2）3D 打印技术。它是一种以数字模型文件为基础,运用粉末状金属或塑料等可黏合材料,通过逐层打印的方式来构造物体的技术。3D 打印因其自由度高,扩展性强等特点在多个领域受到青睐。比如在工业领域,3D 打印可以生产多种个性化零件,节省了资金成本和时间成本;在医学方面可以用3D 打印塑造骨骼、血管等器官,按照原有大小进行打印,对于使用者更加适配;实验室或家用 3D 打印一般使用树脂材料,采用热塑堆砌的方式将 STL的文件进行打印。3D 建模可以使用各种 3D 建模软件,最简单的是使用

Windows10 自带的"画图 3D"软件,也可以使用一些专业软件如 3Dmax,SketchUp,3D 程序员,MakerBrush 等形成模型文件,借助其他软件或者打印机自带的功能进行切片操作,让文件变成 3D 打印机可以在三维软件中处理的文件,也就是常说的 STL 文件。在实际打印阶段,需要根据不同打印机的操作顺序和性质进行调整。在这里如果不常使用 3D 打印的话,也不必为了少量需求配备 3D 打印机,在各种网络购物平台可以找到很多 3D 打印工厂代理商,部分代理商也会根据需求帮助顾客建模和调整参数,自己可节省大量精力和时间。

6.4.2 功能设计——开源硬件

开源硬件比如 Arduino 开发板、掌控板、树莓派、行空板等都是基于计算机编程,外接多种电子元器件实现一定功能的微型电脑。在烧录程序和外接电源之后即可根据人们的设计进行工作,一般结合电子传感器、通信组件以及运动组问用于信号的接收、传输和动作功能的实现。

Arduino 是一个基于开源代码的软硬件平台。Arduino 软件平台是基于 Processing 开发的,对于初学者来说,极易掌握,而且有着很大的灵活性,可以在 Windows、macOS、Linux 三大操作系统上运行。Arduino 硬件能通过各种各样的传感器来感知环境,通过控制灯光、马达和其他的装置来反馈、影响环境。它们具有易于学习、易于迭代、可重复利用等优良性质,在创客领域更是得到了广泛应用和发展。

行空板是一款拥有自主知识产权的国产教学用开源硬件,采用微型计算机架构,集成 LCD 彩屏、Wi-Fi 蓝牙、多种常用传感器和丰富的拓展接口。同时,其自带 Linux 操作系统和 Python 环境,还预装了常用的 Python 文件库,让广大师生只需两步就能开始 Python 教学。当然,也能作为教育装备研发的好工具。

在教育装备研发中可以运用电子元器件设计交互游戏或者演示过程,比如物理学科的超声波应用,光、电、热能量转化信号可视化,生物学科实验时的温湿度监控等;也可以设计便捷的教学小工具,利用物联网通信比如手机控制教室门锁等;甚至可以联合当下的一些人工智能小工具比如阿里的"天猫精灵"或者小米"小爱同学",实现更加新奇的课堂互动模式。

图 6-5　行空板[103]

6.4.3　开源软件及系统平台

在教学实践中,有时可能需要制作教学软件辅助教育教学过程,或者利用软件、小程序等搭配硬件使用。在智能手机普及并且不断更新换代的时代,利用智能手机参与教育教学活动,如实现数据记录、收集,特殊信息推送,特殊任务学习打卡等将大大提高学习和教育的效率。当下手机应用开发和体验已经非常简易化,以下分别以微信小程序和 App 设计为例。

(1) 微信小程序。微信作为装机必备软件,在中国教育环境下也发挥着重要作用,小程序飞速崛起,以其轻小、便捷的优势成功获得各行各业工作者的欢迎。多类学校已经开始使用小程序对学生、老师的活动和通知任务进行管理,很多地方也推出了约课系统,方便教育管理者更加灵活地操作。

开发者可基于微信开发平台[104]对小程序进行排版和功能脚本设计。对于新手开发者来说,需要了解一定的网页设计知识,可以至相关网站进行学习。如果自己无法开发一个完整的小程序,建议购买别人的类似功能模板,在别人成熟作品基础上进行修改。开源的意义就在于,在原作者同意的基础上,对已有成果进行二次创作,节省工作精力。

(2) App Inventor,是谷歌实验室开发的一个安卓手机编程软件,它抛弃了复杂的程序代码而使用积木式的堆叠法来完成手机 App 的开发。App

Inventor 具有如下特点。①开发环境搭建方便。App Inventor 开发环境既可以基于网页直接开发，也可以通过下载离线软件包进行安装使用，没有复杂的安装步骤，对开发人员的计算机基础能力要求较低。②基于搭建积木式编程，开发过程简单，容易操作。使用 App Inventor 开发，不需要太多的编程知识，可以直接利用封装好的模块积木进行简单的拼接，从而实现需求的功能，图6-6 为 App Inventor 开发界面。图6-7 为基于 App Inventor 利用蓝牙实现手机与 Arduino 板通信的代码。

图6-6　App Inventor 开发界面

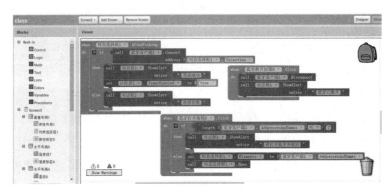

图6-7　利用蓝牙实现通信的编程代码模块

（3）Processing，是一种新兴的计算机语言，是由美国麻省理工学院媒体实验室美学与运算小组（Aesthetics Computation Group）的 Casey Reas 与 Ben Fry 创立的。它是 Java 语言的延伸，并支持许多现有的 Java 语言架构，不过在语法（syntax）上简易许多，并具有许多人性化的设计。Processing 可以在 Windows、macOS、Linux 等操作系统上使用，目前最新版本为 Processing 3。基于 Processing 完成的作品可在个人本机端作用，或以 Java

Applets 的模式外输至网络上发布。

（4）OpenXLabEdu，简称 XEdu，是基于 OpenXLab 的教育版开发工具，也是为中小学 AI 教育设计的一套完整的学习工具。XEdu 核心工具为计算机视觉库 MMEdu，又整合了神经网络库 BaseNN 和传统机器学习库 BaseML 等，覆盖了中小学可能涉及的 AI 技术的各大领域。

6.5　教育装备创新研发案例

尽管看起来研发是一件非常复杂的事情，但其实中小学生就能做，这里以曾经实施的一次中小学 PBL 课程的成果为案例，展示教育装备创新研发的技术方案。

需求的产生　　产品的研发　　投入使用　　产品迭代

图 6 - 8　教育装备开发流程

以智慧教室环境监控为例。

教室是学校进行教育活动的主要场所，教室环境的质量会直接影响师生的心理和生理。利用技术营造一个良好的教室环境，使学生在舒适的环境中陶冶情操、体验学习，是智慧教室的设计需求。基于 App Inventor、Arduino、Processing 平台的智慧教室环境控制系统的搭建，实现了电脑、手机移动终端对教室环境的实时监控，教育管理者可以随时对环境进行监测与调控，具有很大的实用性。

6.5.1　智慧教室环境实时监控系统设计

智慧教室环境的实时检测与控制是通过 App Inventor、Arduino 和 Processing 三者之间的相互通信实现的，如图 6 - 9 所示。根据每个平台的特点，Arduino 硬件连接温湿度、火焰、人体感应和环境光感应等多种传感器和其他设备，实时接收和发送数据，如图 6 - 10 所示；App Inventor 设计手机应用软件接收环境参数，并转化为可视化数据在移动终端界面呈现出来,同时给 Arduino 端发送控制指令。Processing 实现 PC 端的环境检测与控制。

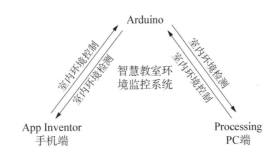

图 6-9 Arduino、App Inventor 和 Processing 功能逻辑

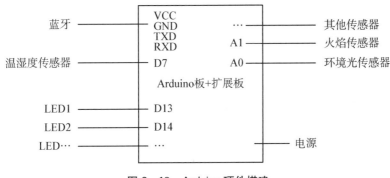

图 6-10 Arduino 硬件搭建

（1）智慧教室环境的检测。环境的检测功能是通过 Arduino 板连接的各种传感器感应当前教室的环境数据,数据通过蓝牙传到手机移动端,同时通过串口数据线传送到 PC 端。接收端接收到数据后,将数据进行处理并转化为可视化图像在界面中显示。

（2）智慧教室环境的控制。室内环境的控制是通过控制多个 LED 灯模拟实现的。将 LED 灯模拟为室内智能空调、智能窗帘、智能灯和智能门等多种设备。实现在 PC 端和手机端控制 LED 灯亮或不亮的功能。

6.5.2 智慧教室环境监控系统开发

基于 App Inventor 开发的移动终端远程监控智慧教室环境的 App 登录页面和主页面如图 6-11、图 6-12 所示。

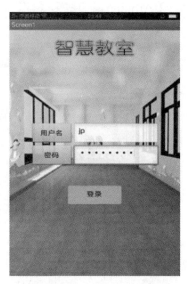

图 6-11　实时监控 App 登录页面

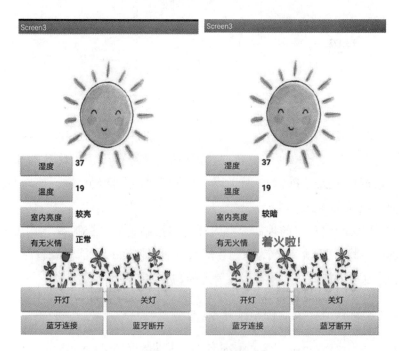

图 6-12　App 运行界面

基于 Processing 开发的实时监控智慧教室环境的 PC 端界面，无火情界面与有火情界面如图 6-13、图 6-14 所示。

温度和湿度
实时显示

灯光亮度
随环境光
变化

图 6-13　PC 端界面(无火情)

图 6-14　PC 端界面(有火情)

6.6　教育装备研发实践

6.6.1　教育装备研发的设计思维方法

教育装备的产品研发主体不仅仅有企业，也有多种教育研究机构和应用单位共同参与。

1）教育装备研发方法

教育装备的研发过程十分复杂,研究方法涉及众多领域,需要设计者具备多种能力、多学科知识和多层次思维。教育装备是一种人工物力资源,对教育装备的开发涉及工程学和设计学两个方面,从思维角度分析可以用工程思维和设计思维的方法开发更优秀的装备。对于教育学方面的学生和教师而言,应专注于实际情况进行合理设计,装备实际生产技术就交给装备学讨论。这里将详细介绍设计思维的方法,如图 6-15 所示。

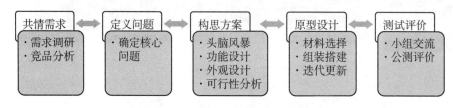

图 6-15　斯坦福大学 EDIPT 设计思维模型

以斯坦福大学设计学院 EDIPT 设计思维模型为例,该模型认为设计思维下的产品研发过程包括五个步骤,需求共情（empathy）、定义问题（define）、构想（ideate）、原型设计（prototype）、测试（test）[105]。

在教育装备的共情阶段需要使用需求分析法。装备物的需求一般由应用单位提出,由相关企业、研究机构以及用户共同进行论证。需求论证包括必要性分析和可行性分析,其中企业提供技术可行性,用户提供应用的必要性和条件的可行性,研究机构应对待开发产品的教育教学适用性提出要求并予以控制。

接着各方对收集来的需求信息进行整理和分析,研究下一代装备需要解决的核心问题。只有对问题定义足够清晰,才能够在后期的设计中对症下药,确保教育装备符合需求。有了清晰的问题,就可以开始进行头脑风暴,运用各种学科知识和跨学科解决方法构思解决方案。这一步骤需要组建团队甚至多学科研究者协作配合。为了确定方案可行,就要开始原型设计,将抽象方案转化为实体并在实验室条件下运行。在原型制作中也会产生一些逻辑问题,需要返回上一步对方案进行修订和再次制作。为了使产品在投入生产前具有可用性和适用性,原型作品将经过实验室条件下的测试,比如硬度、使用寿命,违规操作下的耗损情况等。如有需要,仍须返回到设计思维方法的某一步骤进行调整再造。

2）教育装备产品需求规律

教育装备和其他产品一样，从研发到被市场淘汰具有一定的规律。图 6 - 16 展示了产品在市场的需求量与时间的关系。根据时间将产品生涯分为四个阶段——导入期、成长期、成熟期和衰退期。

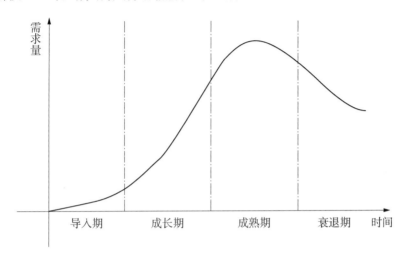

图 6 - 16　产品生涯阶段及需求关系

导入期，用户对于产品不够了解，产品相关功能也在进一步发展和提升中。一般教育装备在导入期呈现竞争态势，促进下一阶段成长。在成长期，产品由于受到关注，需求量不断增大，用户的具体需求也发生改变。此时不仅要提高产量，也要根据不同用户需要改进产品。在成熟期，产品的潜在需求基本被挖掘出来，需求量达到顶峰，对于教育装备而言相当于教育行业普及的状态。最后由于新技术和新产品的出现，原有产品的某些功能被取代，进入衰退期，需求量减少直到退出市场。

针对某个教育需求进行教育装备研究设计的过程，首先要开展需求分析，包括调查分析、通过问题情景编写列出和这个领域有关的对象群体，为用户划分不同的角色，以开展访谈、体验等形式收集用户需求，据此进一步明确我们要解决的问题；随后，使用头脑风暴法发散思维，列举可能的解决方式，进一步明确装备的内容，分析和意向目标类似的竞品，总结和创新归纳出自己的装备功能列表，设计外观设计的雏形。在教育实践活动中，绝不能止步于此，纸上谈兵，要把想法真正落到实处，把模型变成原型，变成可以服务教育、有用、好用的东西。

我们遵循斯坦福大学设计学院的 EDIPT 步骤完成真实可用的教育装备的研发实践。在构思方案阶段,我们针对产品的功能和外观以及对应的需求做可行性分析,选择合适的材料,并顺承到原型设计阶段。此阶段再次广泛收集资料,比如网络经验或者方法介绍,为原型设计做好准备。确认好方案的可行性以及对应材料后就可以准备购买或者借用需要的耗材、工具等。在组装搭建时,设计者需要理智分析问题产生的原因,及时记录解决灵感和经验,从失败经验中不断复盘,直到最终形成合适的原型。在最后一个测试评价阶段,每个研发小组对自己的作品进行限时汇报(比如 6 分钟),需要注意的是,在汇报中讲清楚本研发设计要解决的核心问题,以及现有原型具有哪些功能,是如何解决这些问题的。在汇报后,其他小组成员和老师提出疑问和建议,开发小组对原型再次进行设计和迭代,直到形成可用的、公测认可的"装备",研发过程才宣告结束。

6.6.2 实践活动及要求

根据某种教育活动的需求,试着研发一款能回应现有需求或者解决现有装备问题的新型装备。方向可以是用于改善教育教学环境的装备,帮助学生学习 STEM 教育、编程或者创客教育的新型学习设备,也可以是学科教学中帮助教学的工具或者智能装备。要求:①具有教育适应性;②鼓励开发硬件类、物质化、物联网化以及智能化的装备;③需要提供设计报告;④从复杂程度、可用性、教育适用性等维度对开发出的装备进行评价。

1) 需求分析

(1) 调查分析。

参考表 6-1,你想了解哪个领域的需求问题,列出和这个领域有关的对象群体,为他们划分不同的角色,开展访谈、体验等形式的需求收集。

表 6-1 教育装备信息调查

1. 我想了解的领域

2. 和该领域相关的群体以及角色划分
对象
角色
3. 问题设计

4. 需求收集列表	
角色	需求描述

（2）需求情境分析。

对调研的结果进行梳理简化，把需求情境化为几个特殊的代表性情境，放进表6－2。

表6－2 需求情境分析

情境	对象	问题	需求

（3）竞品分析。

分析符合以上需求的现有装备，整理它们的优点以及不足之处。分析和第一个需求匹配度是完全匹配、高度匹配或是部分匹配,填入表 6-3 属性栏。不足之处指的是针对你以上分析中不能满足的需求进行的分析。

表 6-3　竞品分析

竞品名称	属性	优势功能	不足之处

2）定义问题

经过对需求和相关产品的明确和分析,定义你要研发的教育装备要解决的核心问题。注意,核心问题必须是痛点问题,是影响每个对象日常活动的一种问题。尽可能用简短的话语表达,填入表 6-4。

表 6-4　核心问题分析

核心问题

3）方案构思

（1）头脑风暴。和你的小组伙伴一起根据核心问题和需求对可能的解决方案进行头脑风暴（见图 6-17）。注意头脑风暴的原则,一是**抓住中心主题**,提出的方案都是为了满足需求;二是头脑风暴时**不可以评论对错,也不必考虑可行性**,有了想法就写入表 6-5。可以多找找资料,或许可以产生启发或新的思路。

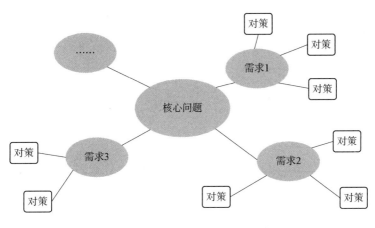

图 6-17 头脑风暴思维导图示例

表 6-5 头脑风暴记录处

想法 1：

想法 2：
……

（2）功能描述。根据需求分析的结果、核心问题和头脑风暴的方案，开始分析。如果说刚刚的头脑风暴是思维发散的过程，接下来的环节需要研发者将发散得到的奇思妙想进行可行性分析和适用性分析。把思维聚合成为合适的功能，并将讨论的结果汇总在表 6-6 中。

表 6-6 思维汇总

序号	功能名称	功能描述	对应需求或问题

（3）外观设计。如果你的装备中需要特别的外观设计也可以在以下方框

记录下来。

（4）用材及可行性分析，填入表6-7。

表6-7　用材及可行性分析

材料	使用目的	优点	缺点

4）原型设计

根据可行性分析，准备和测试材料，确定组装搭建方案，填入表6-8。

表6-8　组装搭建方案

搭建预期草图

(续表)

搭建流程草图

搭建过程中也许不是一帆风顺,可将问题和对应的解决方案记入表 6 - 9,并和小组成员复盘这些问题出现的共性和原因,为未来积累经验。

表 6 - 9　搭建过程问题记录

问题描述	出现时间地点	尝试方案	效果描述	复盘备注
例 问题1⋯⋯		方案1⋯⋯	效果1⋯⋯	

5）测试评估

（1）小组汇报。

组织汇报讨论活动,小组共同准备材料,在规定时间内汇报清楚本小组作品。

（2）讨论反馈记录，填入表 6 - 10。

表 6 - 10　反馈记录

反馈 1:反馈人【　　】	
问题/建议描述	改进方案

反馈 2:反馈人【　　】	
问题/建议描述	改进方案

References 参考文献

［1］刘鹏飞,史宁中.论"学段"[J].东北师大学报(哲学社会科学版),2014
(05):206－209.

［2］马如宇,白璐莹,王春梅,等.儿童发展理论在学前教育装备中的应用
[J].中国教育技术装备,2019(03):9－11＋15.

［3］贝尔科教集团.Matbot 模型化球形编程教育机器人[EB/OL].[2022－
11－28].https://www.bell.ai/pro_view-1.html.

［4］夏红,杨锐.高校管理体制改革研究文献综述[J].读与写(教育教学刊),
2011,8(03):86－87.

［5］董林.新形势下加强中小学教育装备工作的思考[J].青海教育,2021
(12):24－25.

［6］周炫余,唐丽蓉,卢笑,等.中小学教师对智慧教育装备的接受度及其影
响因素[J].现代教育技术,2021,31(03):97－103.

［7］李汉文.从电子白板技术所带来的"三个变革"谈教学创新[J].中小学实
验与装备,2018,28(05):62－64.

［8］邵亚丹.交互式白板在中职财经类学校专业基础课堂教学中的应用
[D].昆明:云南师范大学,2015.

［9］王雪晶.浅析交互式电子白板[J].办公自动化,2017,22(06):56－57.

［10］中华人民共和国教育部.中华人民共和国职业教育法[EB/OL].
http://www.moe.gov.cn/jyb_sjzl/sjzl_zcfg/zcfg_jyfl/202204/
t20220421_620064.html.

［11］王富,李瀛,纪秀君,等.中国教育装备行业 2020 年度发展报告[EB/
OL].[2022－01－19].https://www.ceeia.cn/news/detail_

3513. htm.

［12］教育部.教育部关于发布教育行业标准《高等学校固定资产分类与代码》的通知［EB/OL］.［2019－01－16］. http：//www. moe. gov. cn/srcsite/A08/s7945/s7946/201901/t20190124_367999. html.

［13］郝维谦,龙正中.高等教育史［M］.海口:海南出版社,2000:31,322.

［14］中共中央、国务院印发《中国教育现代化2035》［EB/OL］.［2019－02－23］. http：//www. moe. gov. cn/jyb_xwfb/gzdt_gzdt/201902/t20190223_370857. html.

［15］教育部.教育部关于印发《教育信息化2.0行动计划》的通知［EB/OL］.［2018－04－18］. http：//www. moe. gov. cn/srcsite/A16/s3342/201804/t20180425_334188. html.

［16］中共中央、国务院关于全面深化新时代教师队伍建设改革的意见［EB/OL］.［2019－10－30］. http：//www. gov. cn/zhengce/2018-01/31/content_5262659. htm

［17］中华人民共和国教育部.2023年实验操作将被纳入初中学业水平考试［EB/OL］.［2019－11－29］. http：//www. moe. gov. cn/fbh/live/2019/51594/mtbd/201912/t20191203_410652. html.

［18］孙永正.管理学［M］.北京:清华大学出版社,2007.

［19］为乐信息科技.为什么需要实验室管理系统来管理实验室?［EB/OL］.［2021－01－21］. https：//www. sohu. com/a/445957282_120818203.

［20］四川教育学院.微格实验室［EB/OL］.［2021－04－28］. https：//nic. stbu. edu. cn/sys/detail/146. html.

［21］AUTODESK TINKERCAD 设计库［EB/OL］.［2022－11－28］. https：//www. tinkercad. com/things.

［22］中国教育装备行业协会.中国教育装备行业团体标准公告［EB/OL］.［2022－08－18］. https：//www. ceeia. cn/news/detail_3619. htm.

［23］殷常鸿,马晓燕,高伟,等.论教育装备标准制定的本质与发展［J］.现代教育技术,2019,29(12):61－67.

［24］Moines D. Recommended guidelines for facilities, equipment, grounds, and maintenance［R］. Iowa：State Dept of Public Instruction,1966:10－15.

[25] ANSI. Back to school with standards［EB/OL］.［2021－09－07］. https：// www. ansi. org/news/standards-news/standards-spotlight/2021/09/9-7-21- back-to-school-with-standards.

[26] 教育部.教育部办公厅关于教育部教学仪器研究所更名为教育部教育 装备研究与发展中心的通知［EB/OL］.［2013－02－16］. http：//www. moe. gov. cn/srcsite/A04/s7051/201302/t20130216_147766. html.

[27] 教育部教育装备发展与研究中心.技术委员会基本情况介绍［EB/OL］. ［2018－05－21］. http：//www. zbzx. edu. cn/html/jszz/20180521/2989. html.

[28] 教育部.关于进一步加强中小学教育技术装备工作的意见［EB/OL］. ［1999－08－12］. http：//www. moe. gov. cn/s78/A06/jcys_left/zc_ jyzb/tnull_680. html.

[29] 吕文龙,叶文锋,刘星成,等.我国中小学教育装备标准研究与建设现状 分析［J］.中国教育技术装备,2020(03)：3－5.

[30] 教育部关于发布《数控技术应用专业仪器设备配备标准》和《汽车运用 与维修专业仪器设备配备标准》的通知［2006－02－21］.［EB/OL］. http：//www. moe. gov. cn/srcsite/A07/s7055/200602/t20060221_79145. html.

[31] 王富.砥砺奋进70年　教育装备谱新篇——中国教育装备行业70年发 展历程回顾与展望［J］.中国现代教育装备,2019(20)：1－3.

[32] 教育部.教育部关于发布《基础教育装备分类与代码》等22项教育行业 标准的通知［2019－05－27］.［EB/OL］. http：//www. moe. gov. cn/ srcsite/A06/jcys_jyzb/201906/t20190604_384425. html.

[33] 艾伦.义务教育学校教学装备配备标准的强制性特征［J］.中国现代教育 装备,2020(12)：1－4.

[34] 江苏省教育厅.江苏省中小学体育装备标准［EB/OL］.［2006－12－ 23］. http：//www. moe. gov. cn/jyb_xwfb/xw_fbh/moe_2128/moe_ 2326/moe_2316/moe_2317/tnull_14708. html.

[35] 中国教育装备行业协会.《中小学教学机器人技术规范》团体标准编制 工作正式启动［EB/OL］.［2019－07－26］. http：//www. ceeia. cn/ news/detail_2944. htm.

［36］中国教育新闻网-中国教育报.砥砺奋进七十载服务教育谋新篇——新中国 70 年教育装备行业发展历程［EB/OL］.（2019－10－08）［2020－10－13］. http：//www. jyb. cn/rmtzgjyb/201910/t20191008_265664. html.

［37］教育部.推动信息技术与教育教学深度融合:教育部印发《高等学校数字校园建设规范（试行）》［EB/OL］.［2021－03－26］. http：//www. moe. gov. cn/jyb_xwfb/gzdt_gzdt/s5987/202103/t20210326_522685. html.

［38］教育部.教育部关于发布《普通高中音乐教学器材配备标准》等八个教育行业标准的通知［EB/OL］.［2020－12－18］. http：//www. moe. gov. cn/srcsite/A17/moe_794/moe_795/202101/t20210108_509204. html.

［39］《中国学校体育发展报告》编写组.中国学校体育装备 2016 年度发展报告［M］.北京:高等教育出版社,2018.

［40］教育部.新时代　新教育　新装备　新标准［EB/OL］.［2019－05－31］. http：//www. moe. gov. cn/jyb_xwfb/moe_2082/zl_2019n/2019_zl39/201905/t20190531_383949. html.

［41］教育部.教育部发布《初中物理教学装备配置标准》等 6 个学科教学装备配置标准［EB/OL］.（2019－05－31）［2020－10－13］. http：//www. moe. gov. cn/jyb_xwfb/gzdt_gzdt/s5987/201905/t20190531_383961. html.

［42］教育部.教育部关于贯彻执行《幼儿园建设标准》的通知［EB/OL］.［2016－12－20］. http：//www. moe. gov. cn/srcsite/A03/s3012/201612/t20161230_293510. html.

［43］安徽省教育技术装备中心.标准规范［EB/OL］.［2022－11－28］. http：//jyt. ah. gov. cn/tsdw/jyjszbzx/bzgf/index. html.

［44］河北教育装备网.政府采购［EB/OL］.［2022－11－28］. http：//jyzb. hee. gov. cn/col/1281495183929/index. html.

［45］上海市教育委员会.上海教育［EB/OL］.［2022－11－28］. http：//edu. sh. gov. cn/.

［46］重庆市教育信息技术与装备中心［EB/OL］.［2022－11－28］. http：//www. cqeic. cn.

［47］ 陕西教育装备网［EB/OL］.［2022 - 11 - 28］. http://www. sxjyzb. com. cn/

［48］ 内蒙古自治区教育装备网［EB/OL］.［2022 - 11 - 28］. https://www. nmgov. edu. cn/nmgzbzx/.

［49］ 新疆维吾尔自治区教育厅［EB/OL］.［2022 - 11 - 28］. http://jyt. xinjiang. gov. cn/.

［50］ 青海省教育技术装备中心［EB/OL］.［2022 - 11 - 28］. http://jyt. qinghai. gov. cn/.

［51］ 山东省教育技术装备服务中心［EB/OL］.［2022 - 11 - 28］. http:// www. sdjyzb. cn/h-col-112. html.

［52］ 福建省教育装备与基建中心［EB/OL］.［2022 - 11 - 28］. http://www. fjeei. com. cn/.

［53］ 湖南省教育生产装备处［EB/OL］.［2022 - 11 - 28］. http://ysc. gov. hnedu. cn/xzfw/.

［54］ 浙江省教育技术中心［EB/OL］.［2022 - 11 - 28］. https://www. zjedu. org/.

［55］ 江苏省教育装备与勤工俭学管理中心［EB/OL］.［2022 - 11 - 28］. http://www. jsjyzb. cn/Html/Menu/200/.

［56］ 吉林省教育技术装备中心［EB/OL］.［2022 - 11 - 28］. http://jljyzb. jlipedu. cn/.

［57］ 甘肃省教育装备网［EB/OL］.［2022 - 11 - 28］. http://www. gsjyzb. cn/.

［58］ 艾伦.教育装备元标准建立的必要性［J］.中国现代教育装备,2015(23)：1 - 5.

［59］ 国家市场监督管理总局. GB/T - 2020 标准化工作导则［R］. 2020 - 11 - 19.

［60］ 教育部.关于完善教育标准化工作的指导意见［EB/OL］.［2018 - 11 - 14］. http://www. moe. gov. cn/srcsite/A02/s7049/201811/t20181126_361499. html.

［61］ 教育部.教育信息化技术标准 CELTS 已发布的标准规范目录［EB/OL］.［2006 - 01 - 17］. http://www. moe. gov. cn/srcsite/A16/s7062/

200601/t20060117_82369.html.

[62] 汪成为,高文.灵境(虚拟现实)技术的理论、实现及应用[M].北京:清华大学出版社,2004.

[63] 张菁,张天驰,等.虚拟现实技术及应用[M].北京:清华大学出版社,2011:2.

[64] 徐东海,徐红颖.虚拟现实技术在远程教育的实验环节的研究[J].中外企业家,2020((1):186.

[65] WIKI. Augmented Reality [EB/OL].[2022 - 11 - 28].https://encyclopedia. thefreedictionary. com/Augmented + reality.

[66] 杨馨宇,黄斌.混合现实(MR)在教育教学中的应用与展望[J].中国成人教育,2020(13):52 - 57.

[67] 何克抗.论创客教育与创新教育[J].教育研究,2016,37(04):12 - 24 + 40.

[68] 张磊,江奇,尹涛."互联网 + "背景下我国的创客教育发展研究[J].软件导刊(教育技术),2016,15(05):9 - 11.

[69] Walters,P. & Davies,K. 3D Printing for artists:research and creative practice [J]. Journal of the Norwegian Print Association,2010(1):12 - 15.

[70] 姚健东,李岚.3D 立体绘画笔在小学创客中的应用[J].教育信息技术,2016(06):29 - 31.

[71] 蔡睿妍.Arduino 的原理及应用[J].电子设计工程,2012,20(16):155 - 157.

[72] Arduino 官网[EB/OL].[2022 - 11 - 28].https://www. Arduino. cn.

[73] Raspberry Pi Foundationy [EB/OL]. [2022 - 11 - 28]. https://www. raspberrypi. org.

[74] Mind + . 图形化编程软件[EB/OL].[2022 - 11 - 28].https://mindplus. dfrobot. com. cn.

[75] GitHub[EB/OL].[2022 - 11 - 28].https://www. githubs. cn.

[76] 张剑平,王益.机器人教育:现状、问题与推进策略[J].中国电化教育,2006(12):65 - 68.

[77] 黄荣怀,刘德建,徐晶晶,等.教育机器人的发展现状与趋势[J].现代教

育技术,2017,27(01):13-20.

[78] 肖阅文,王明宇.浅谈在线教育的现状和发展趋势[J].中国商论,2017 (18):176-177.

[79] 毛雁冰,李心羽,赵露.教育数字化转型中在线教育质量提升研究[J].中国电化教育,2022(09):38-42.

[80] 柳佳玲.教育 App 支持下的创客教学法的实践研究[D].上海:上海师范大学,2015.

[81] 徐海波.浅析面向在线教育的大数据应用[J].数字技术与应用,2015 (12):85-86.

[82] 丁曼丽,杨奎奇.我国中小学在线教育发展现状、问题及对策[J].电脑知识与技术,2022,18(05):147-149.

[83] 卿竹君.我国中小学在线教育研究现状及可视化分析[J].软件导刊(教育技术),2019,18(11):17-19.

[84] 新华网.荷兰尝试新时代教育模式:iPad 取代书本黑板[EB/OL].[2013 -08-27].https://www.chinanews.com/gj/2013/08-27/5212508. shtml.

[85] 黄玮琳."MOOC 三巨头"与网易公开课对比分析[J].科教文汇(中旬刊),2017(07):4-6.

[86] UDACITY[EB/OL].[2022-11-28].https://www.udacity.com/,

[87] COURSERA [EB/OL].[2022-11-28].https://www. coursera.org/.

[88] EDX [EB/OL].[2022-11-28].https://www.edx.org.

[89] 何智,何爽,孙可,等.中小学智慧校园建设规范文献比较分析[J].中国现代教育装备,2022(22):1-9.

[90] 宗平,朱洪波,黄刚,等.智慧校园设计方法的研究[J].南京邮电大学学报(自然科学版),2010,30(04):15-19+51.

[91] 黄荣怀,张进宝,胡永斌,等.智慧校园:数字校园发展的必然趋势[J].开放教育研究,2012,18(04):12-17.

[92] 李鸿章.教育信息化 2.0 视域下中小学智慧校园建设困境与智能化校园构想[J].中国教育信息化,2020(23):76-80.

[93] 赵磊磊,张黎,代蕊华.智慧校园的智能升级:基于人工智能的智慧校园

［J］.现代教育技术,2020,30(11):26－32.

［94］殷常鸿,张义兵,高伟.基于云的教育装备管理模式研究［J］.现代教育技术,2018,28(04):81－87.

［95］陈丽娜.教育技术装备绩效评价研究［D］.武汉:华中师范大学,2011.

［96］吴仁昌.学校教育技术装备现状与管理机制建设［J］.中国教育技术装备,2013(23):38－40.

［97］教育装备网.招标与采购信息服务平台［EB/OL］.［2022－11－28］.http://www.ceiea.com/zbcg/100_1.htm.

［98］财政部.中华人民共和国政府采购法实施条例［EB/OL］.［2015－02－27］.http://www.mof.gov.cn/zhengwuxinxi/zhengcefabu/201502/t20150227_1195516.htm.

［99］财政部.中华人民共和国财政部令第87号:政府采购货物和服务招标投标管理办法［EB/OL］.［2017－07－11］.http://tfs.mof.gov.cn/caizhengbuling/201707/t20170718_2652603.htm.

［100］教育部教育装备研究与发展中心［EB/OL］.［2022－11－28］.https://www.ncet.edu.cn/.

［101］Laserblock［EB/OL］.［2022－11－28］.https://www.laserblock.cn/.

［102］Makeblock. LaserBox Creation-Classic cars［EB/OL］.［2022－11－28］.https://education.makeblock.com/resources/res-laserbox/66797/.

［103］行空板官网［EB/OL］.［2022－11－28］.https://www.unihiker.com/.

［104］微信开发平台［EB/OL］.［2022－11－28］.https://developers.weixin.qq.com/miniprogram/dev/framework.

［105］葛文双,白浩,马红亮.设计思维融入混合课程的设计与教学干预效果［J］.现代教育技术,2020,30(07):42－49.

Afterword　后　记

本人生于北方，在亲人无微不至的关心和照料下长大成人。在这里感谢所有亲人对我的养育之恩和亲情关怀！

在成长的过程中，辗转南北，不断求学，孜孜不倦。而后访学于海外，学习新知识，了解国际文化，拓展了人生阅历的广度和深度。感谢所有就读过的学校对我的栽培，感谢师长对我的谆谆教诲和同学们的青春陪伴！

归国后继续钻研，探究真理，辛苦自知。在工作和生活中，得到了很多热心好友的大力支持和帮助。感谢所有朋友对我的关心和照顾！

弹指一挥间，回想 2008 年初来华东师范大学工作，在任友群教授、祝智庭教授、顾小清教授等领导和专家的指导下，和各位有志同仁一起筹划和建设上海数字化教育装备工程技术研究中心，凭着一腔热血和一份执着，从无到有，筚路蓝缕十五载，开创了一片新天地！

感谢人生路上陪伴我的亲人、师长、同学和好友，正是有了你们的陪伴才让我在这大千世界里感受到了真善美，才有了克服万难、不断前行的勇气和力量！

饮水思源，求实创造！在建设教育现代化的征程中，我辈唯有自强不息，砥砺前行，奋斗拼搏，方能续写新的篇章！

薛耀锋

2022 年 12 月记于丽娃河畔